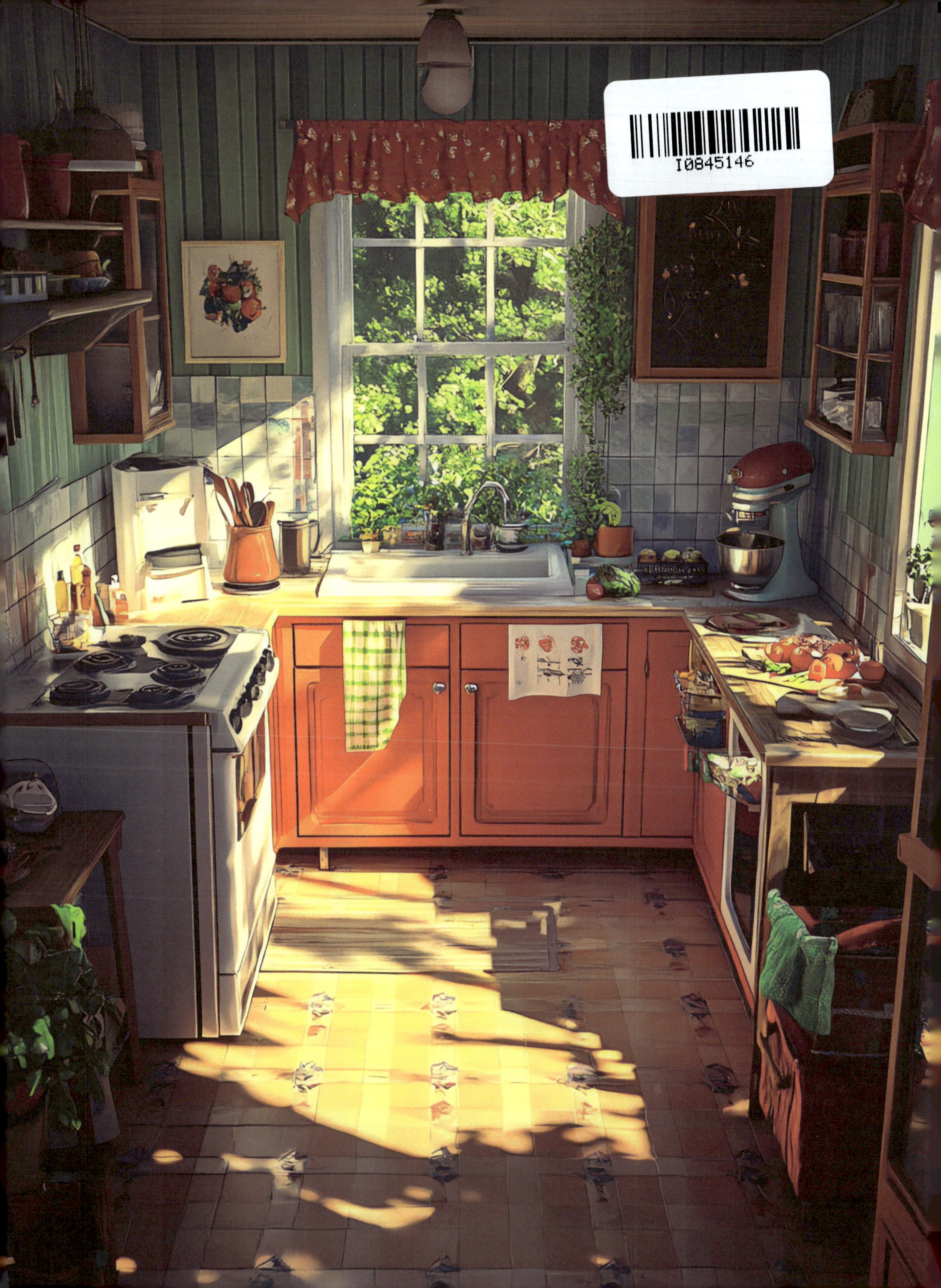
I0845146

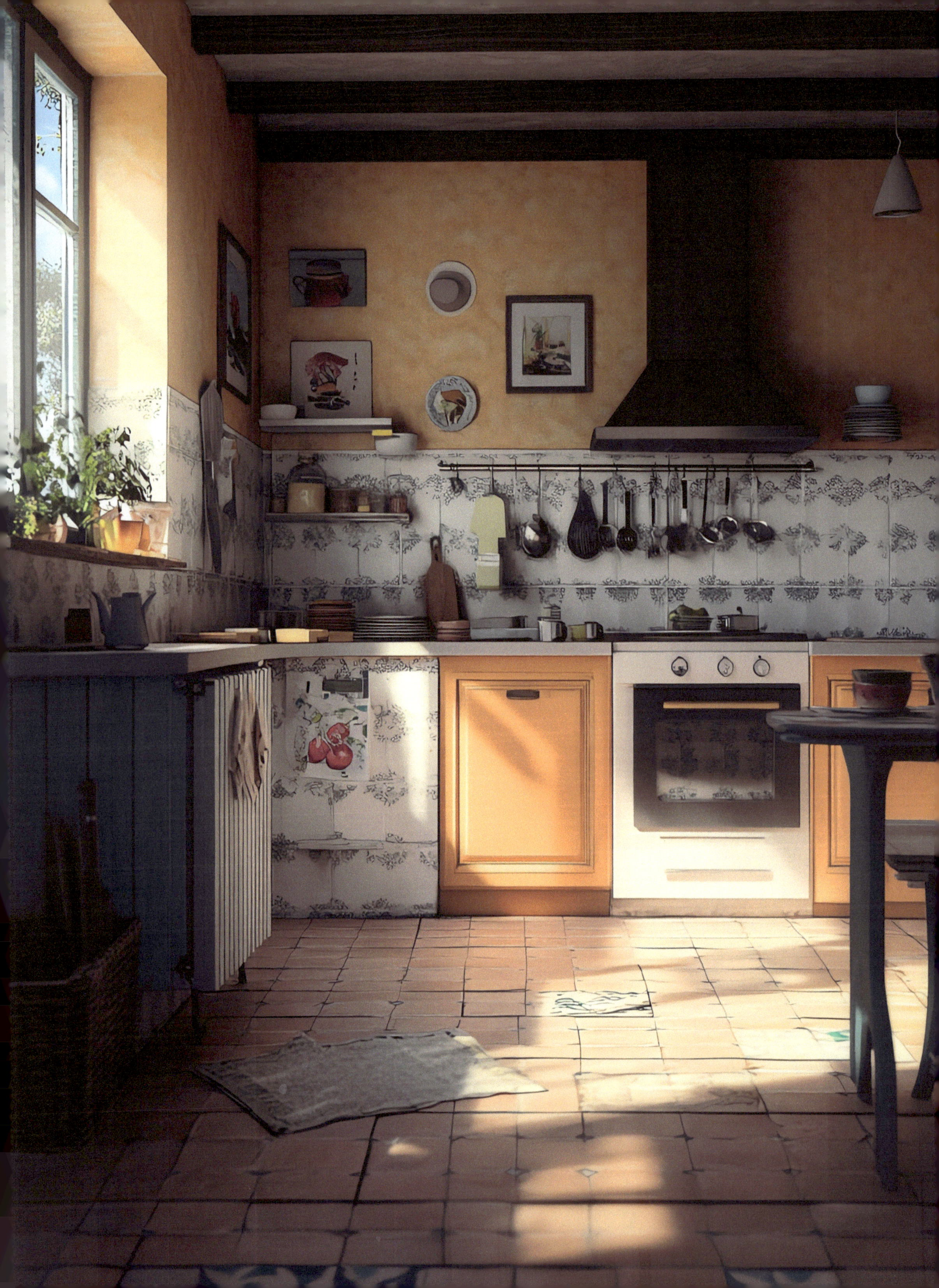

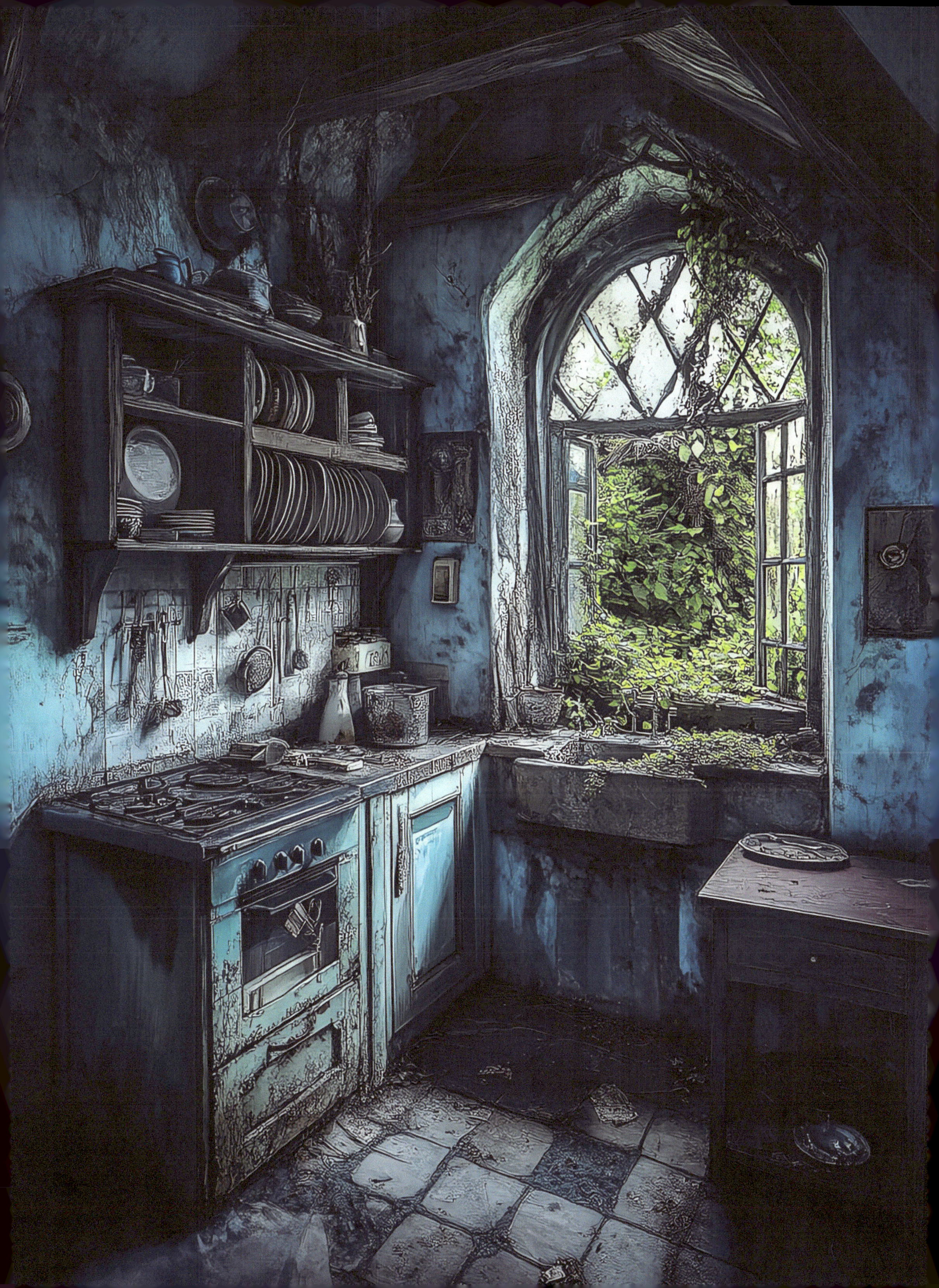

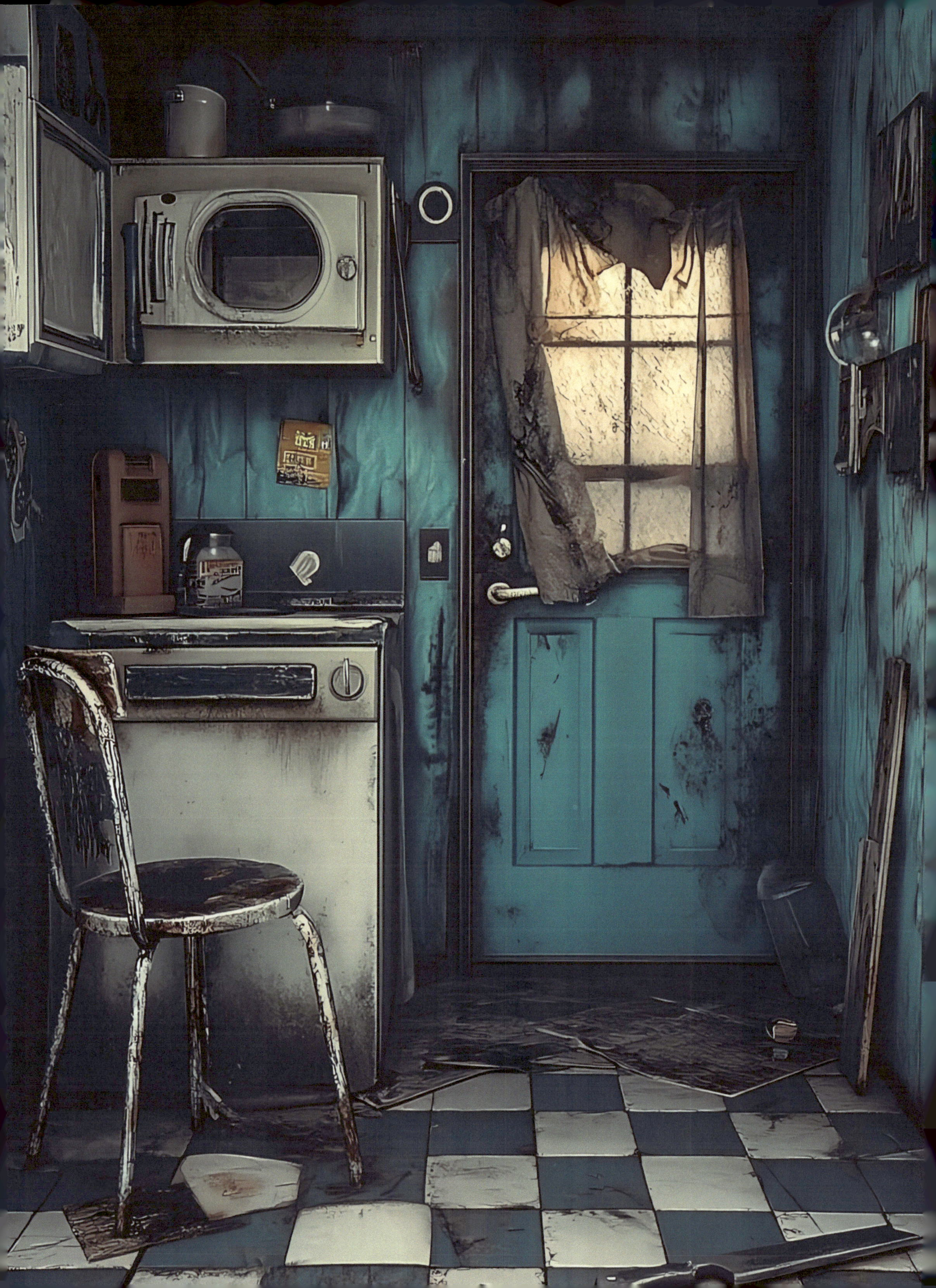

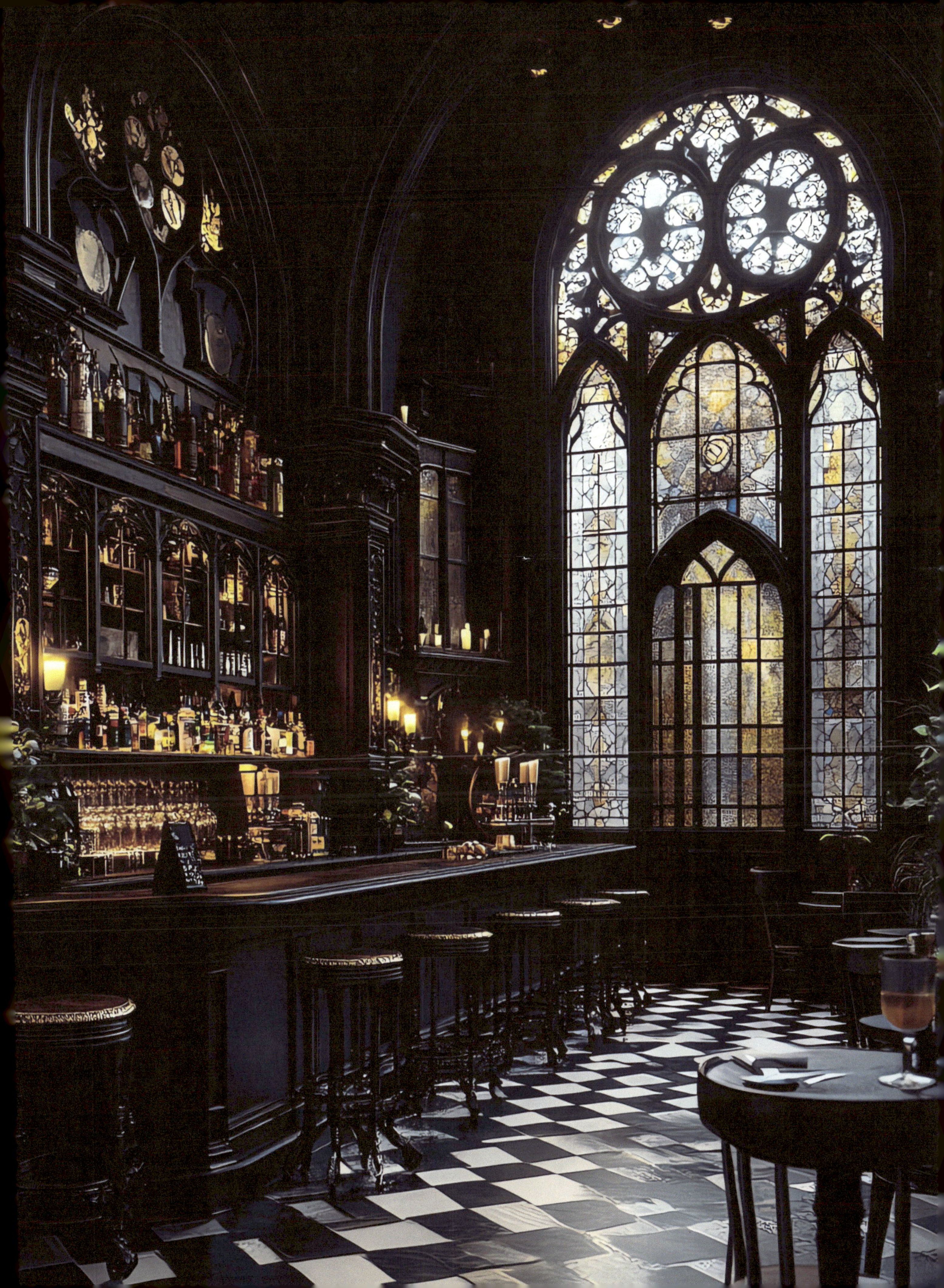

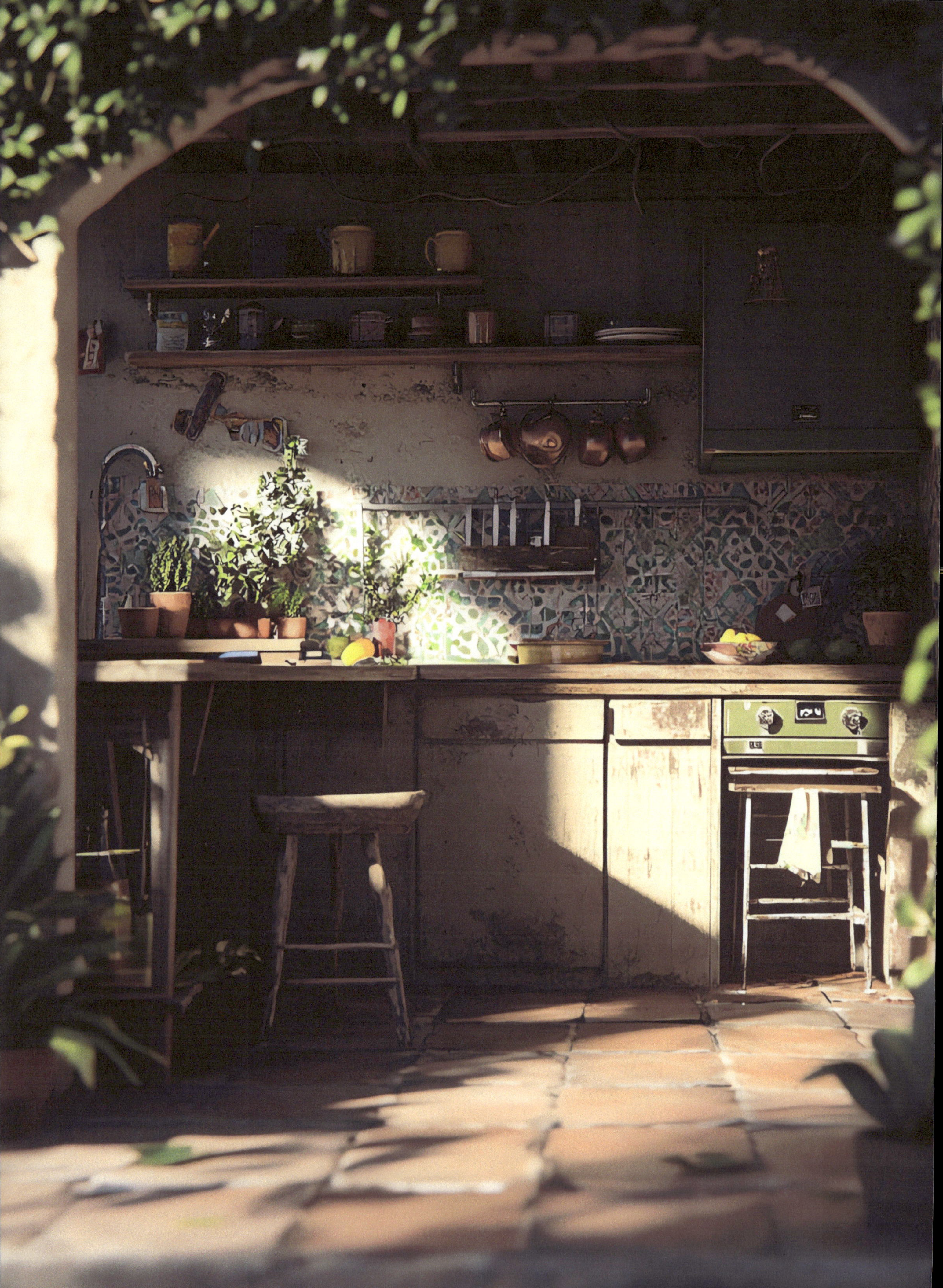

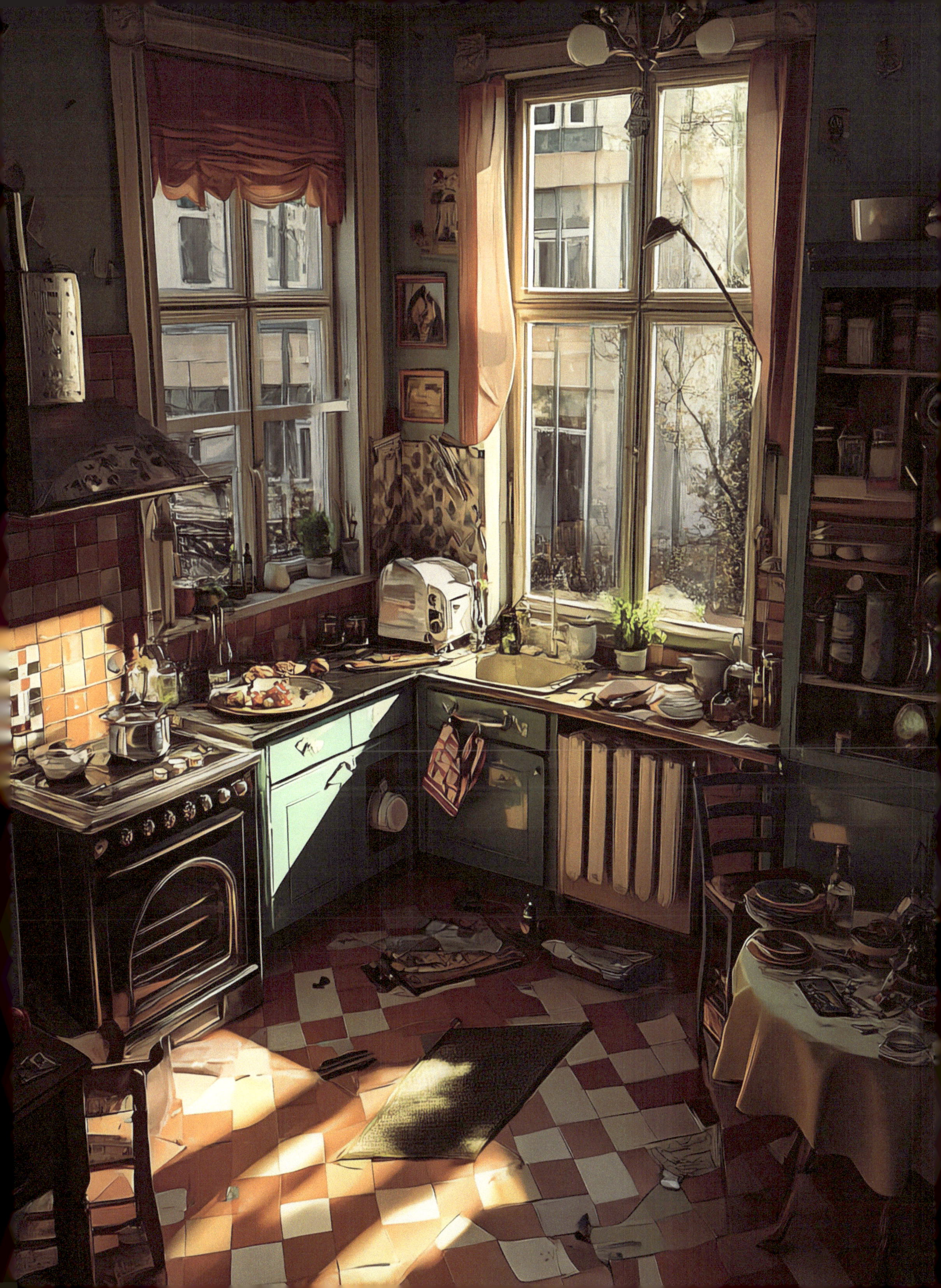

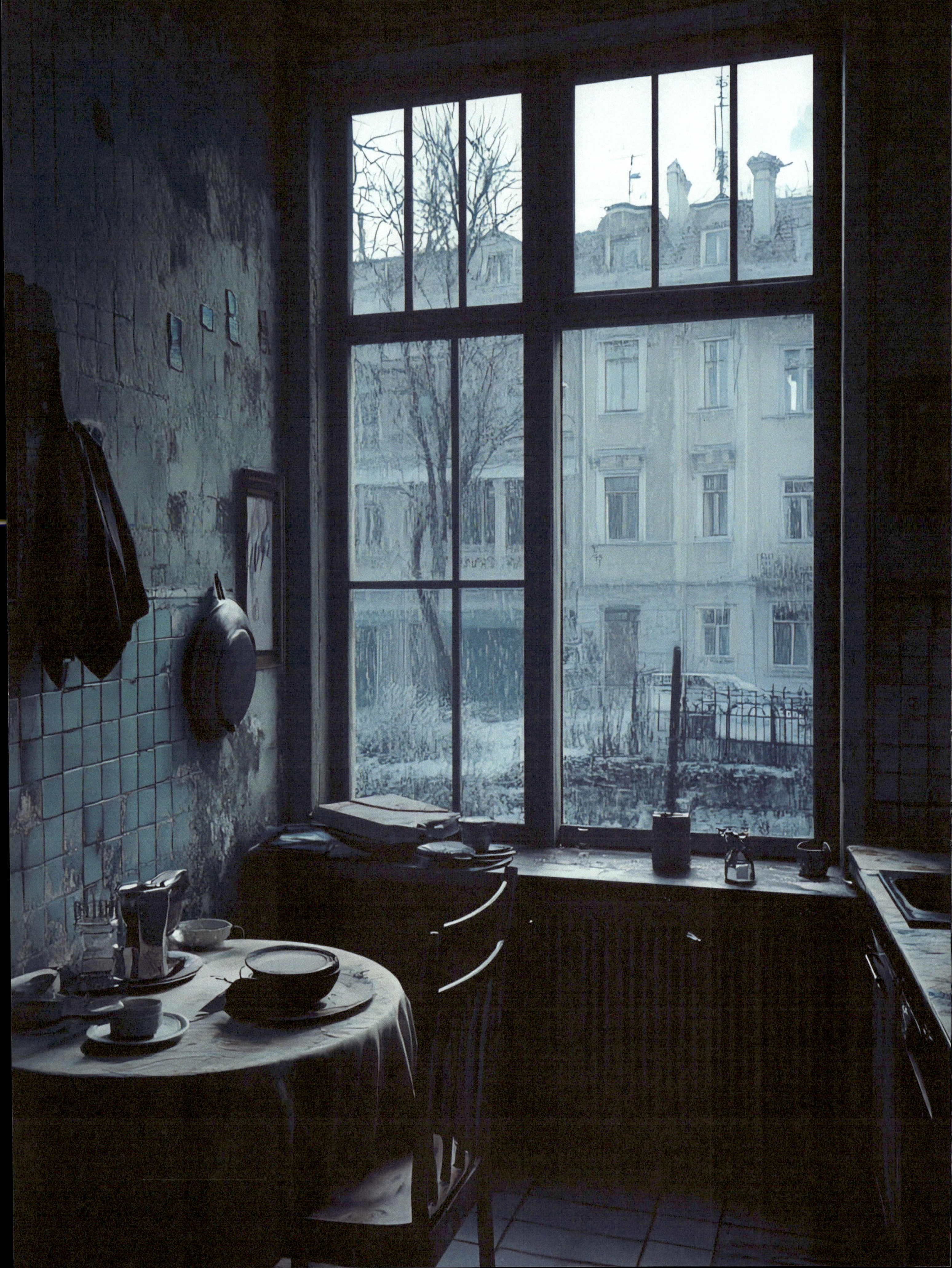

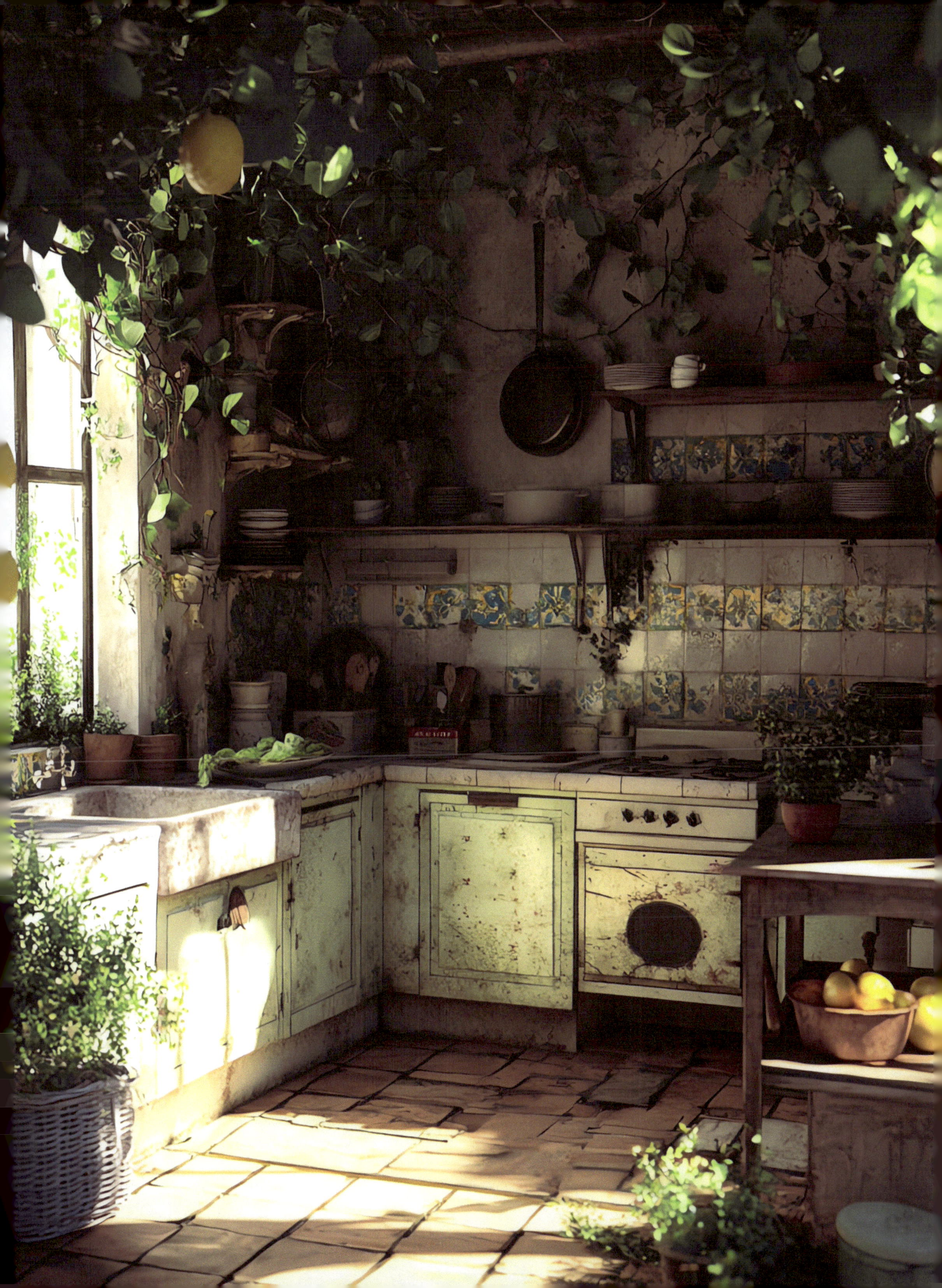

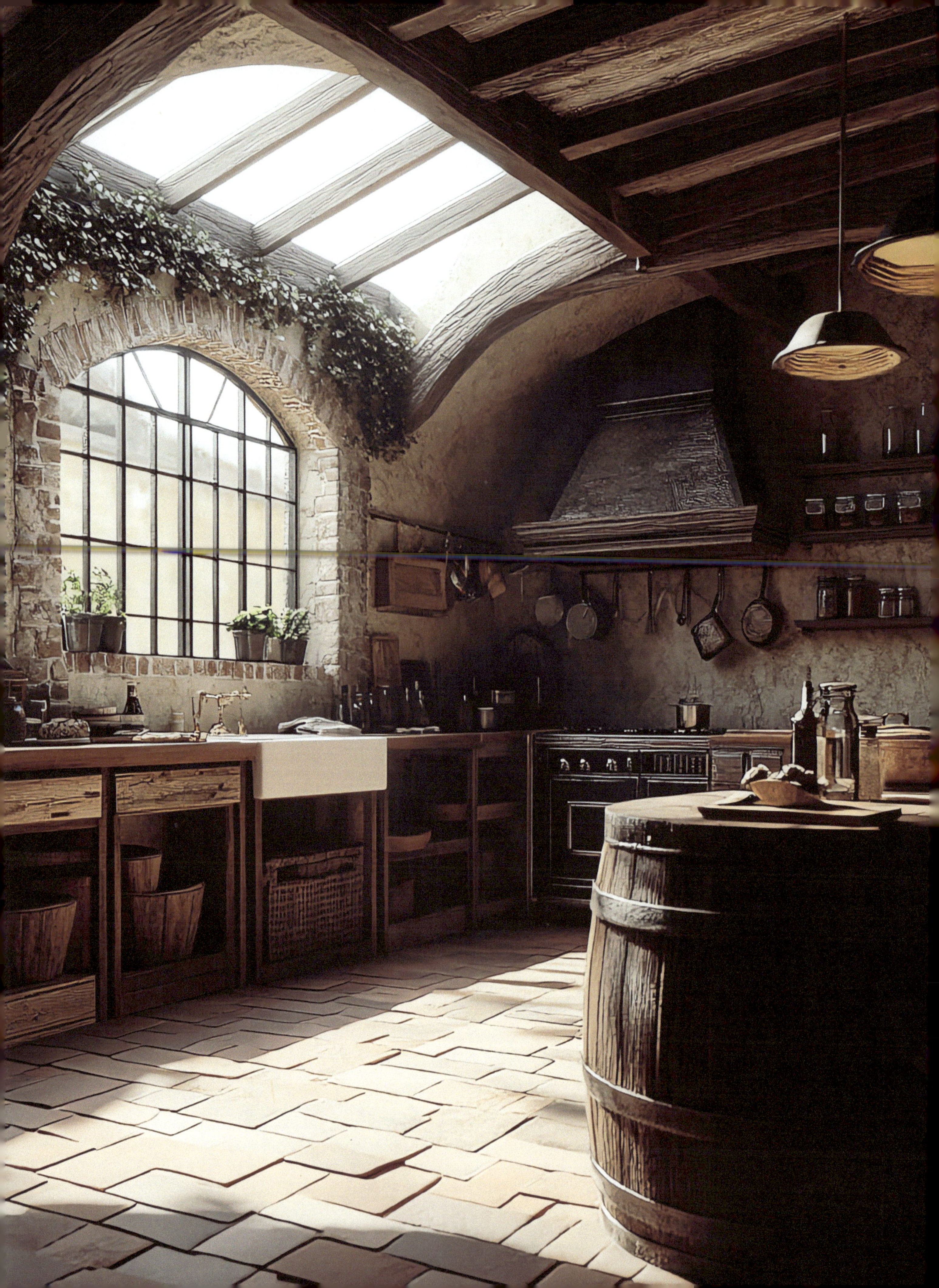

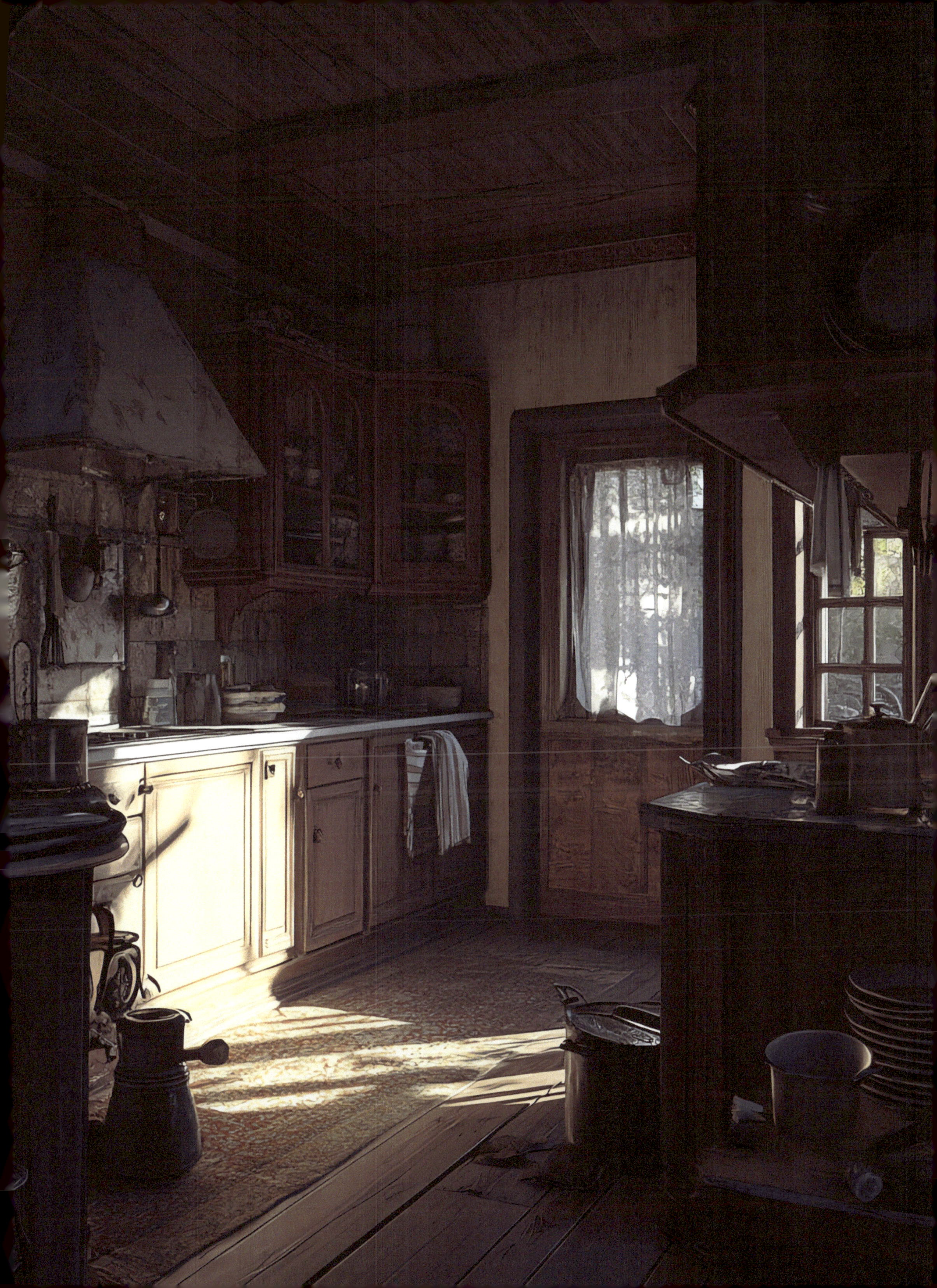

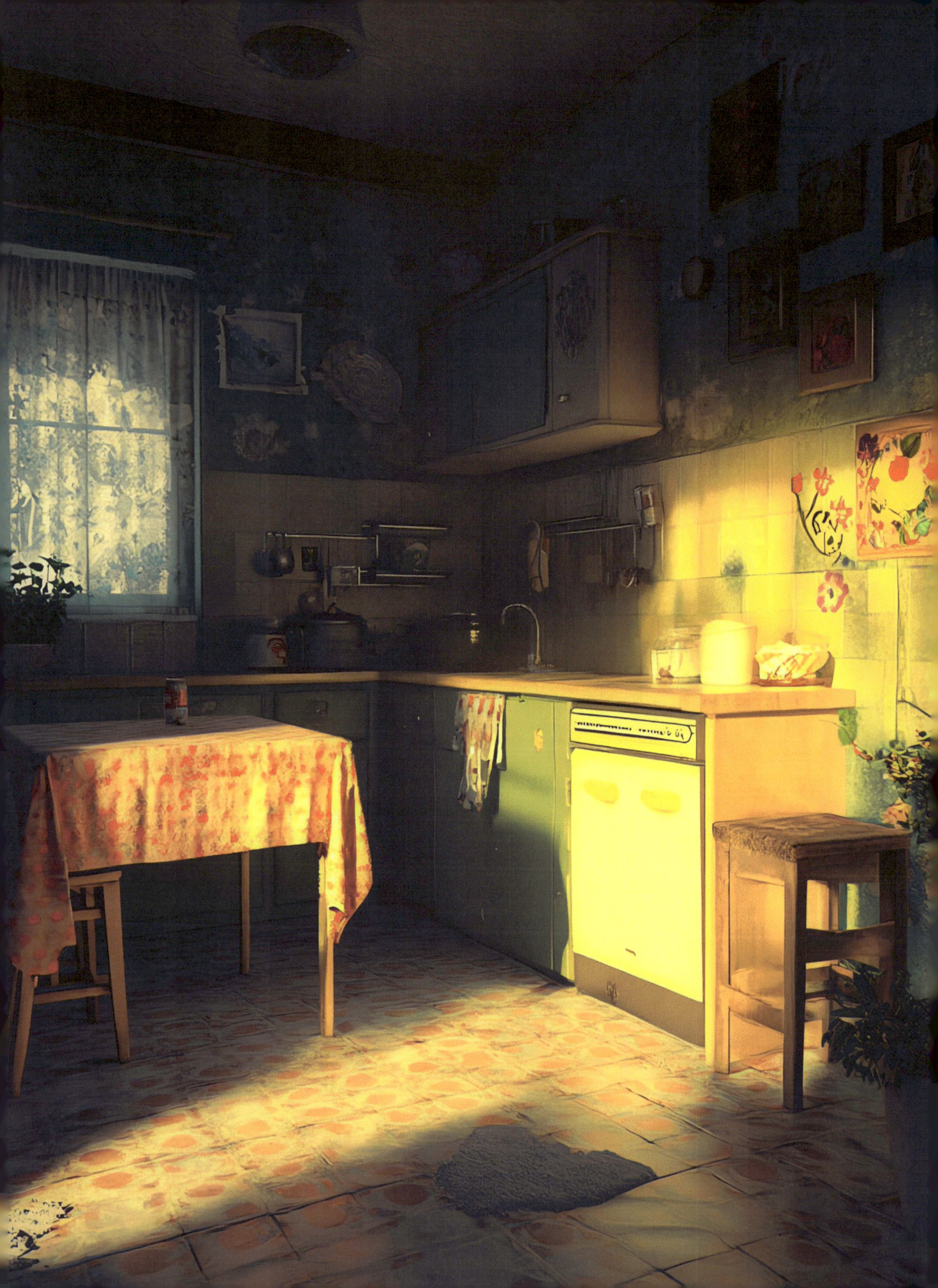

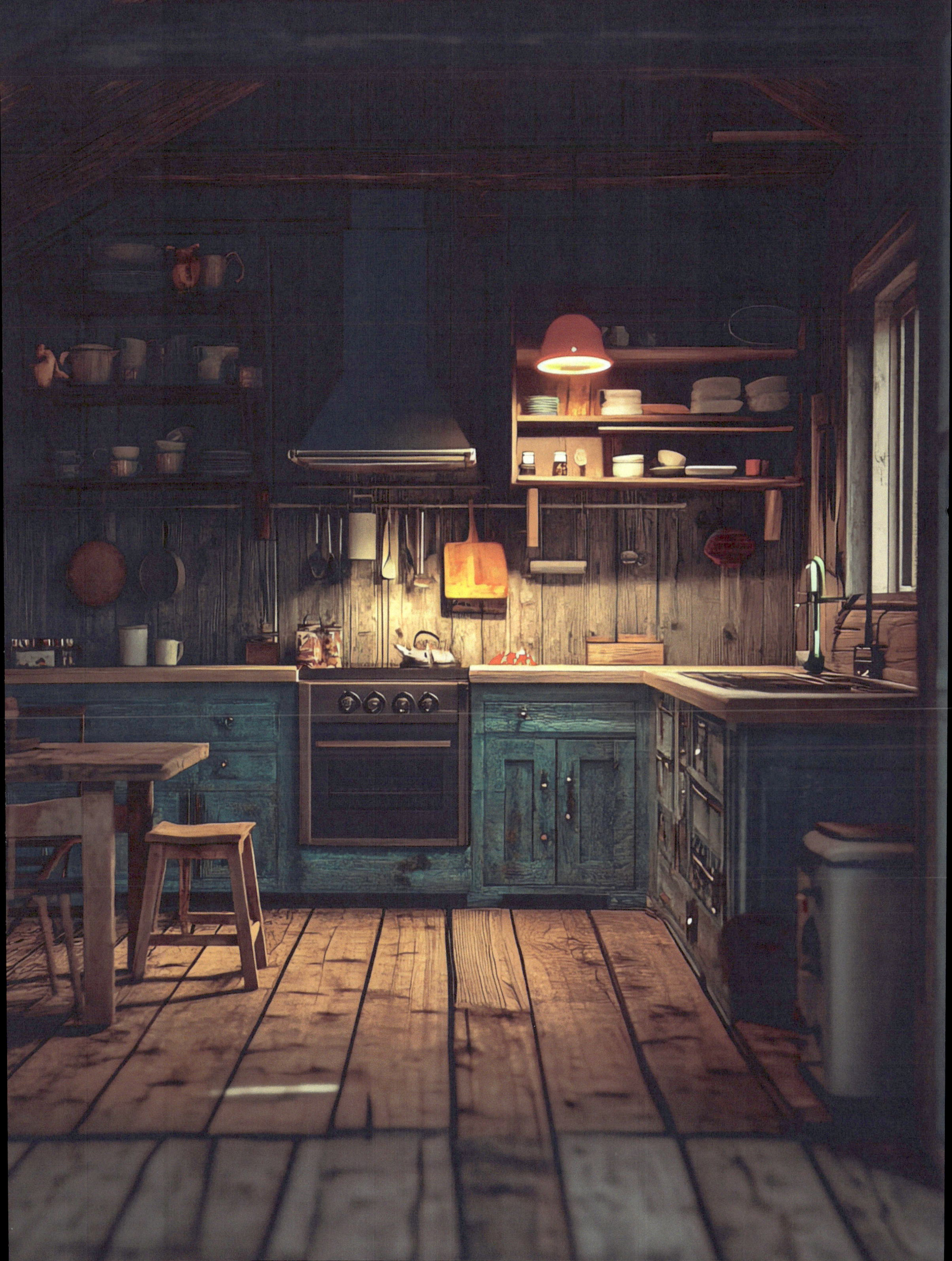

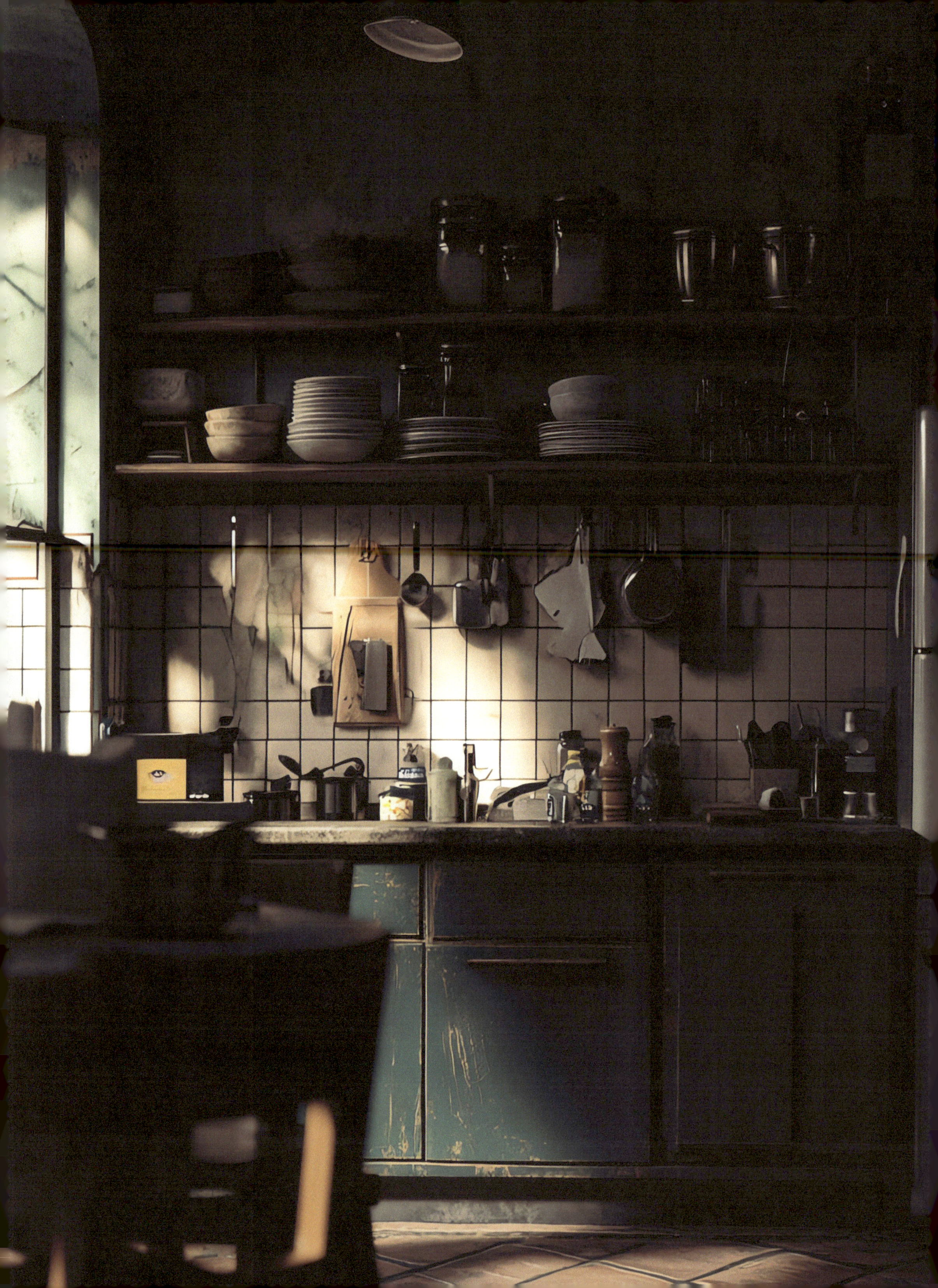

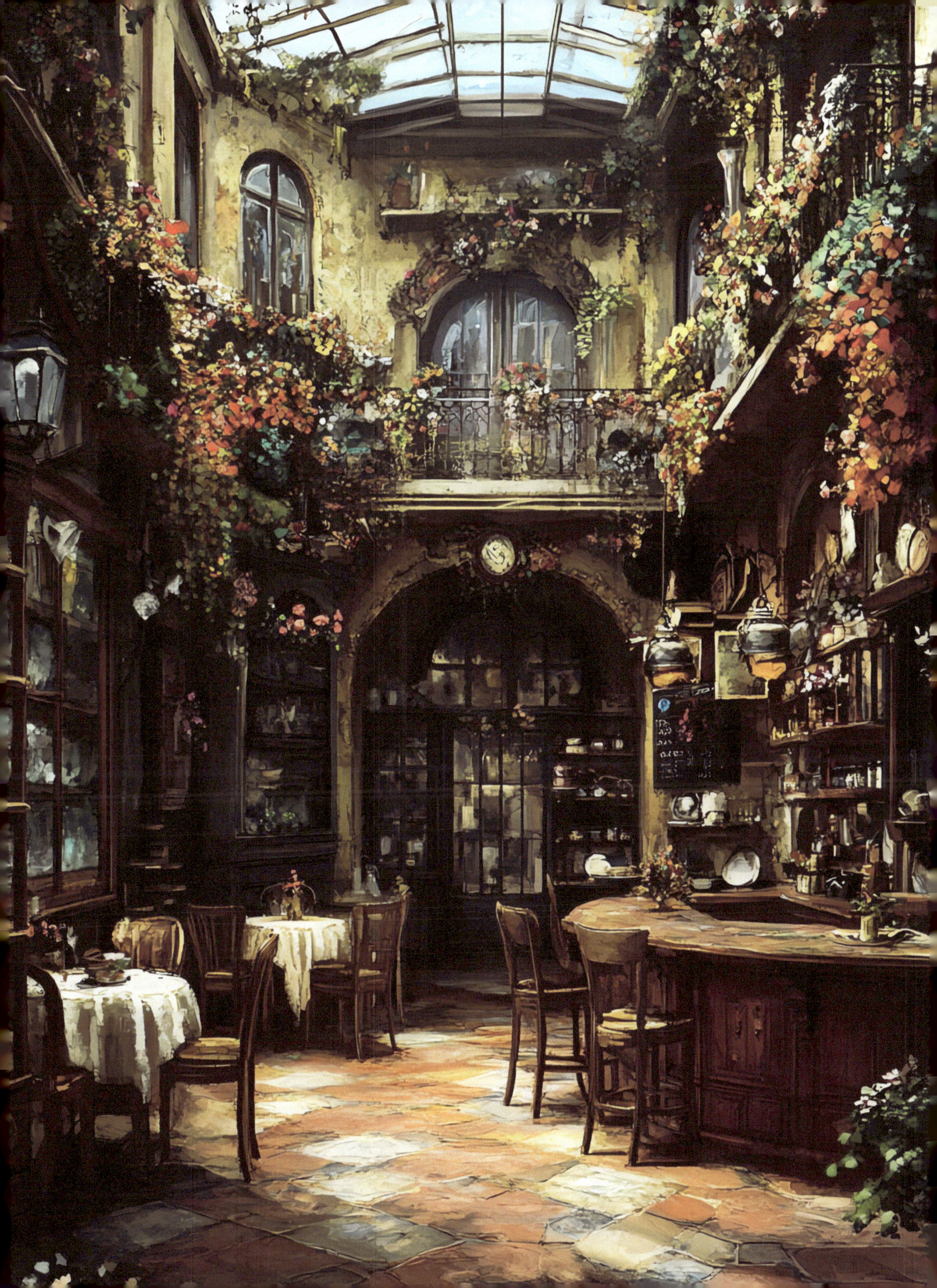

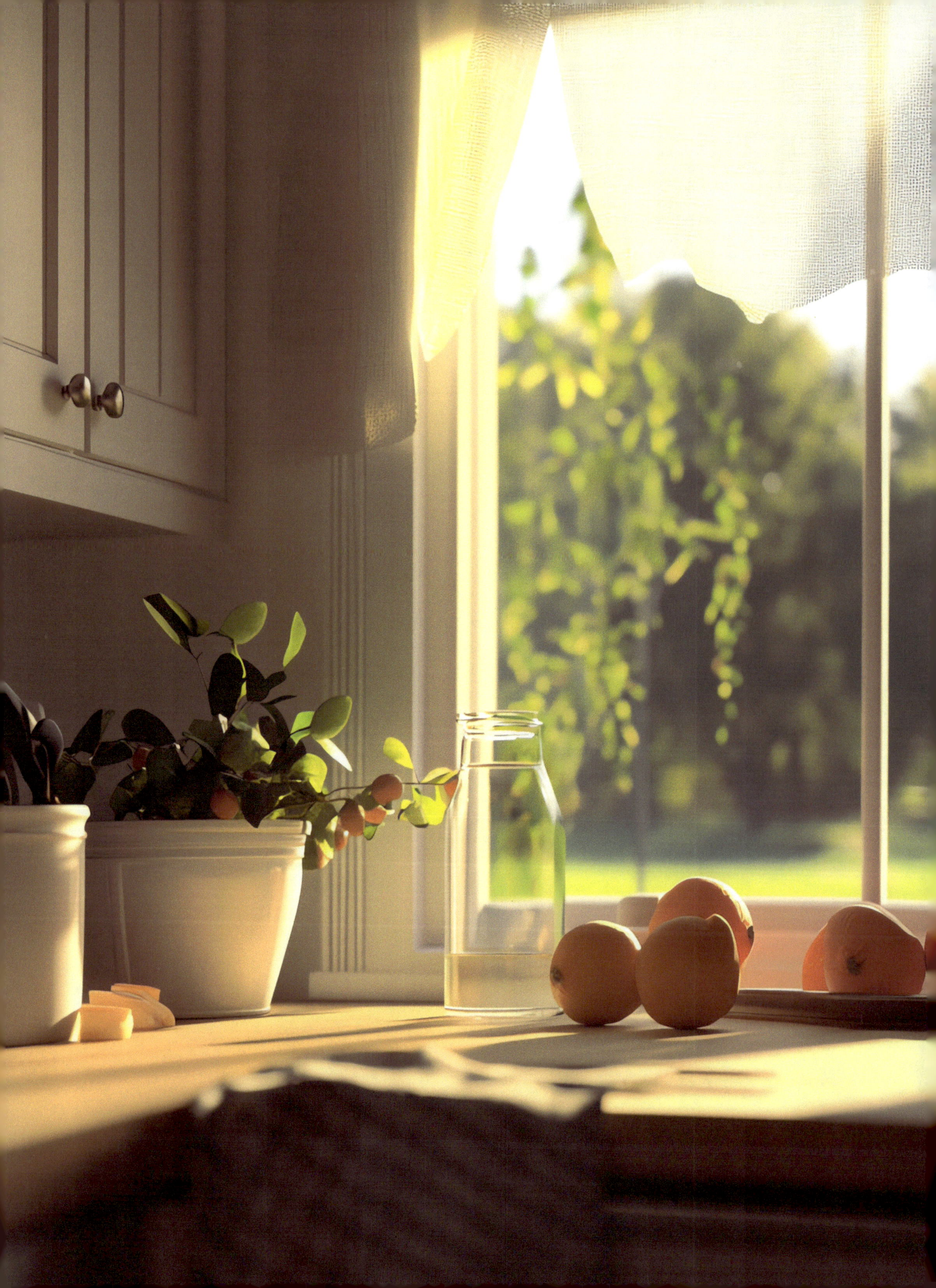

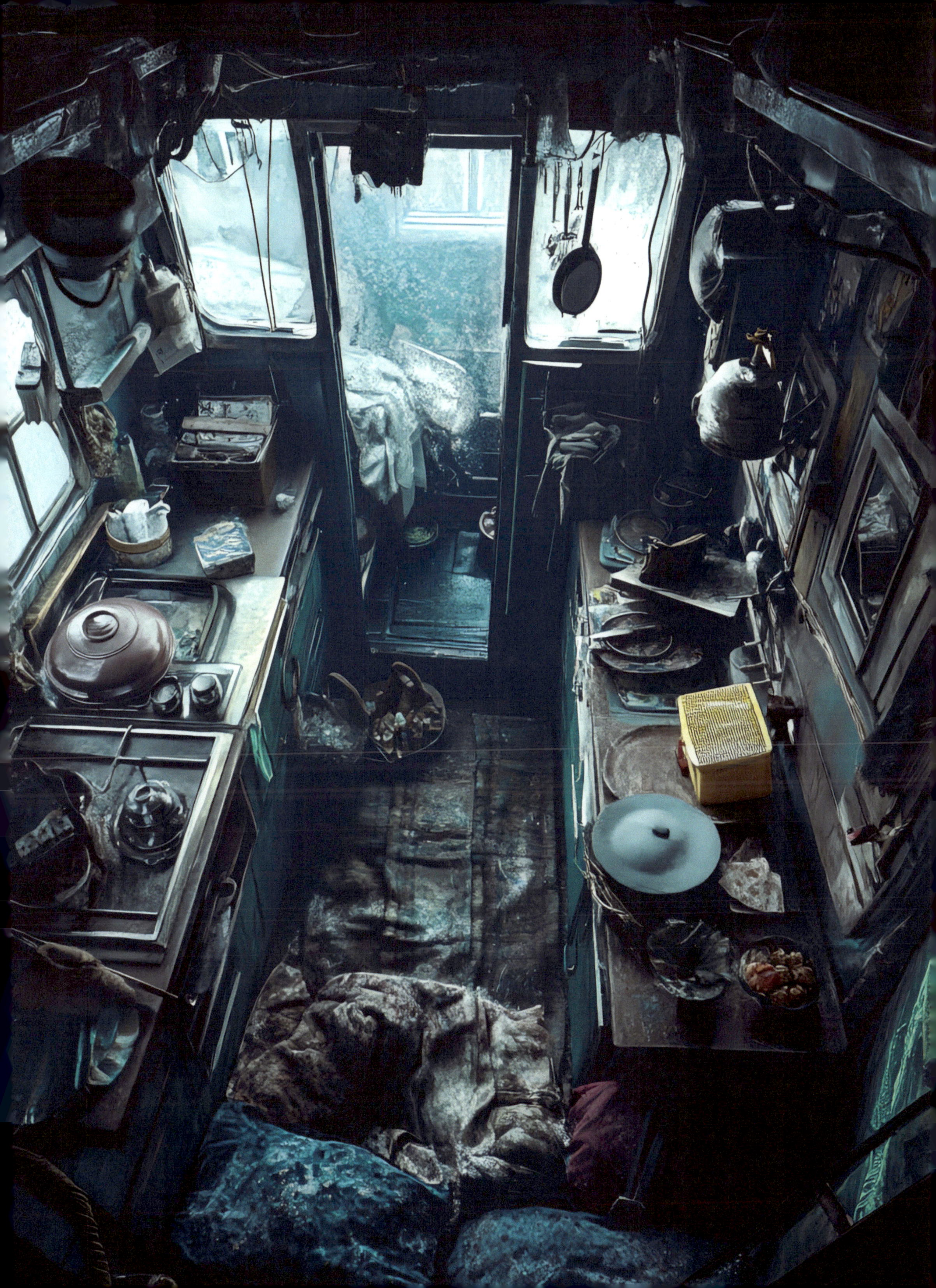

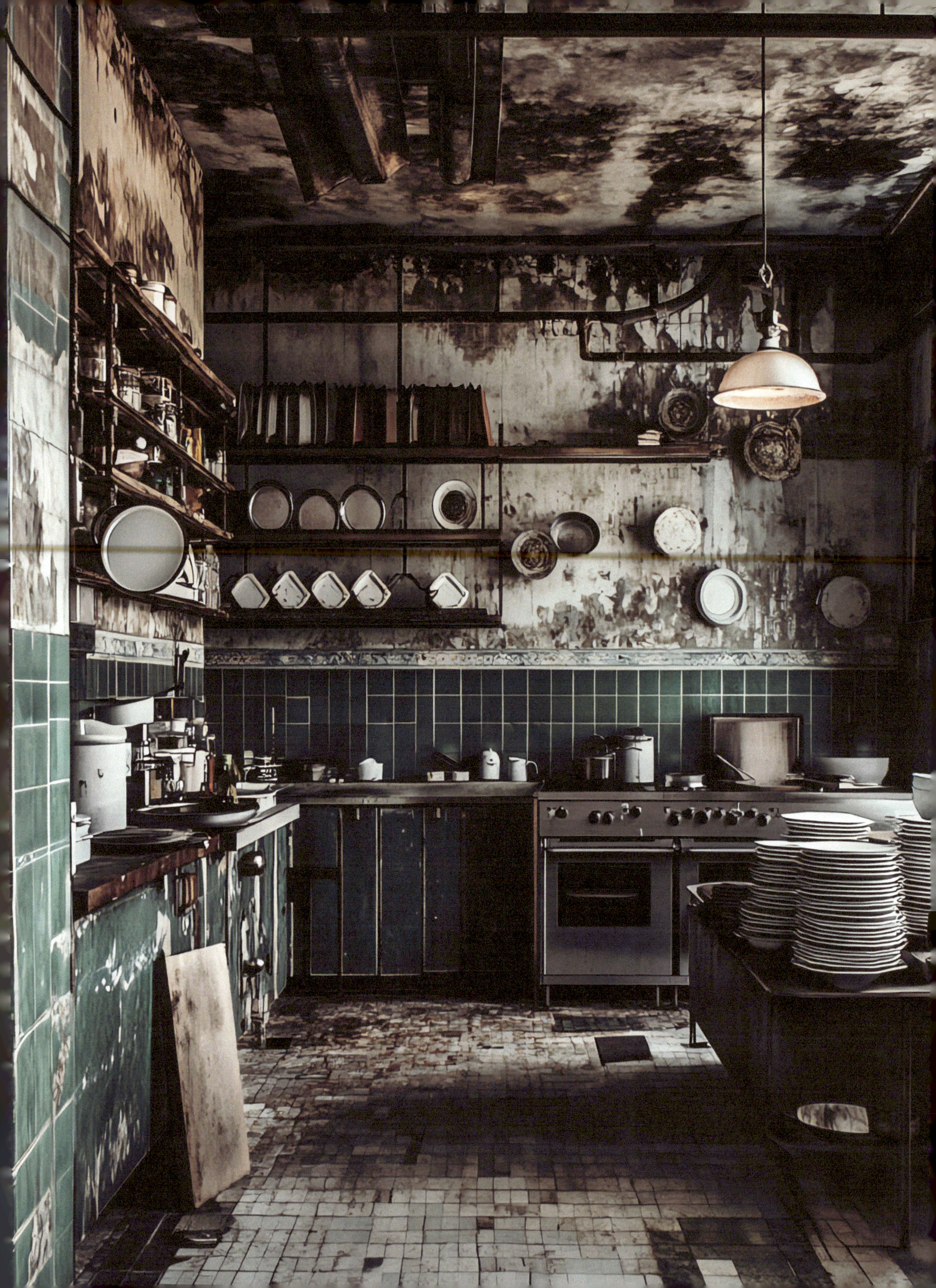

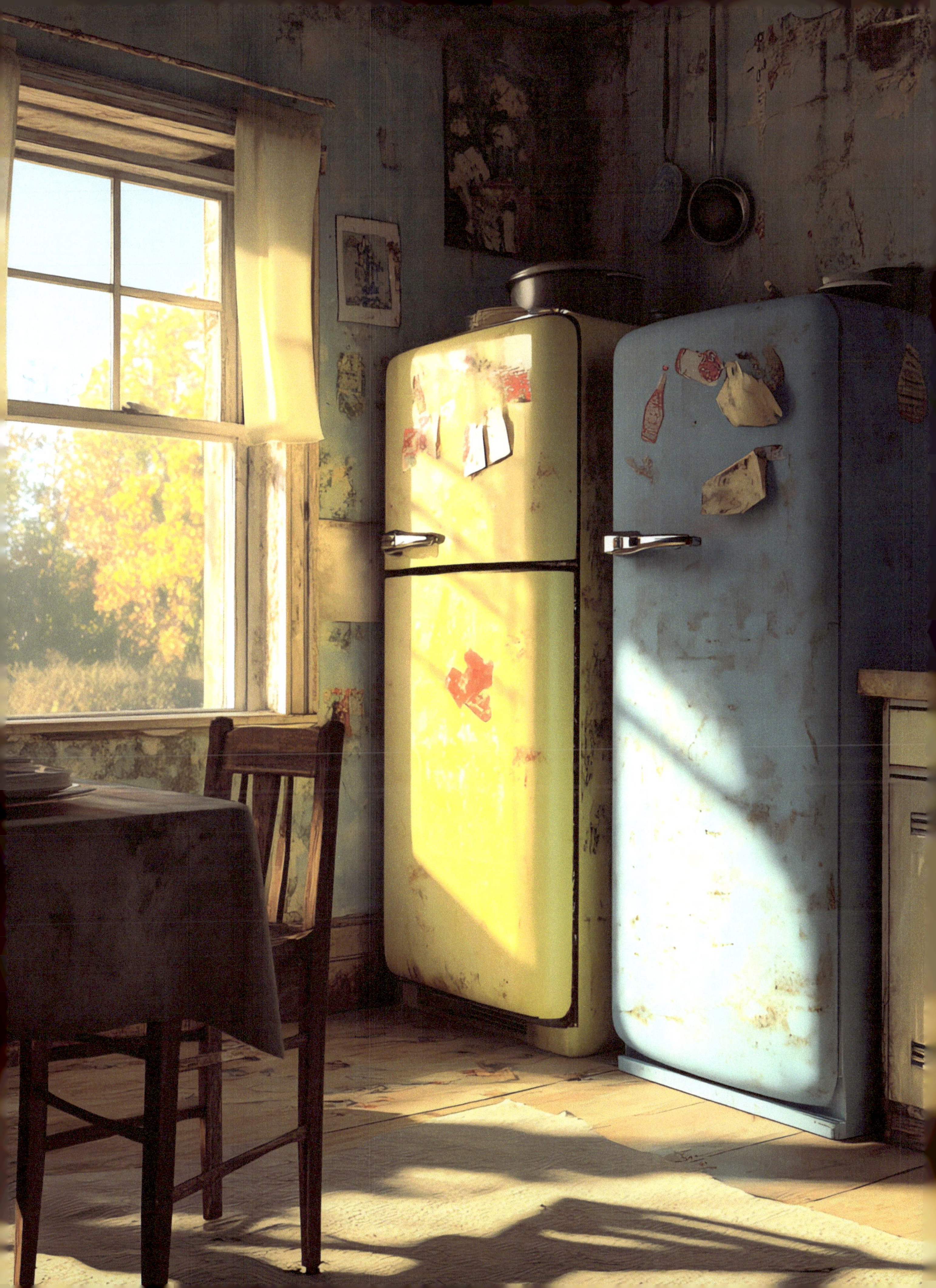

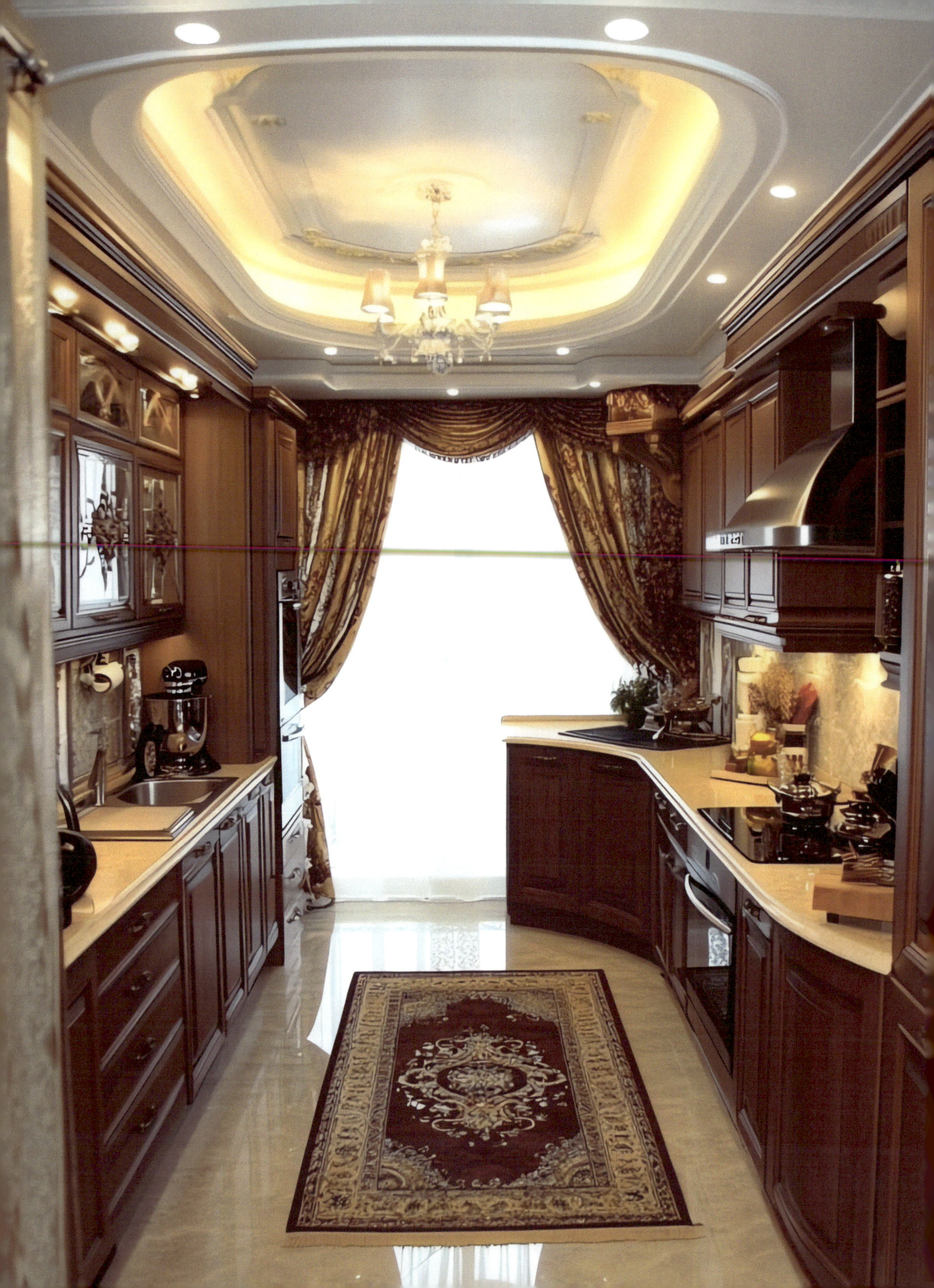

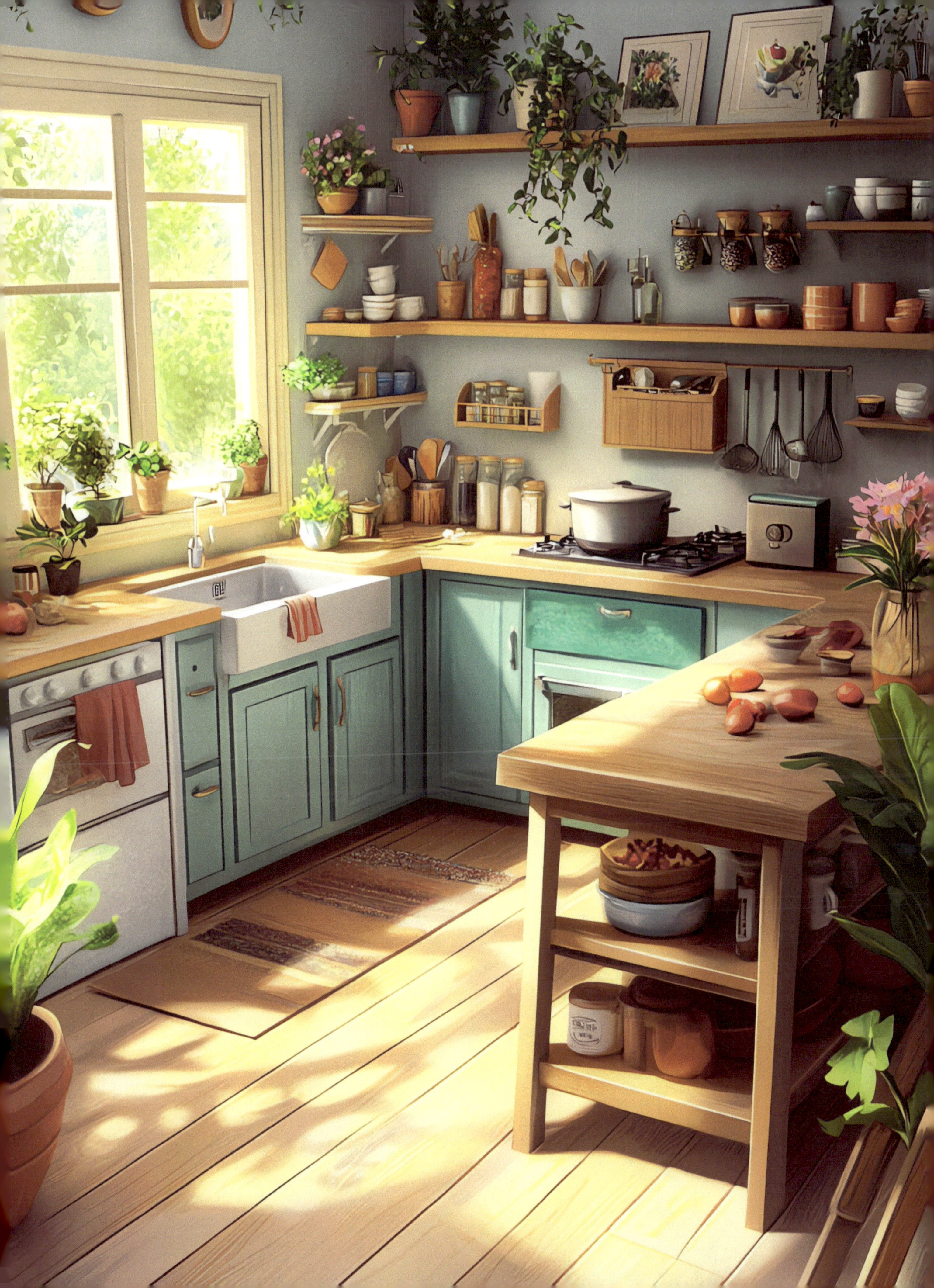

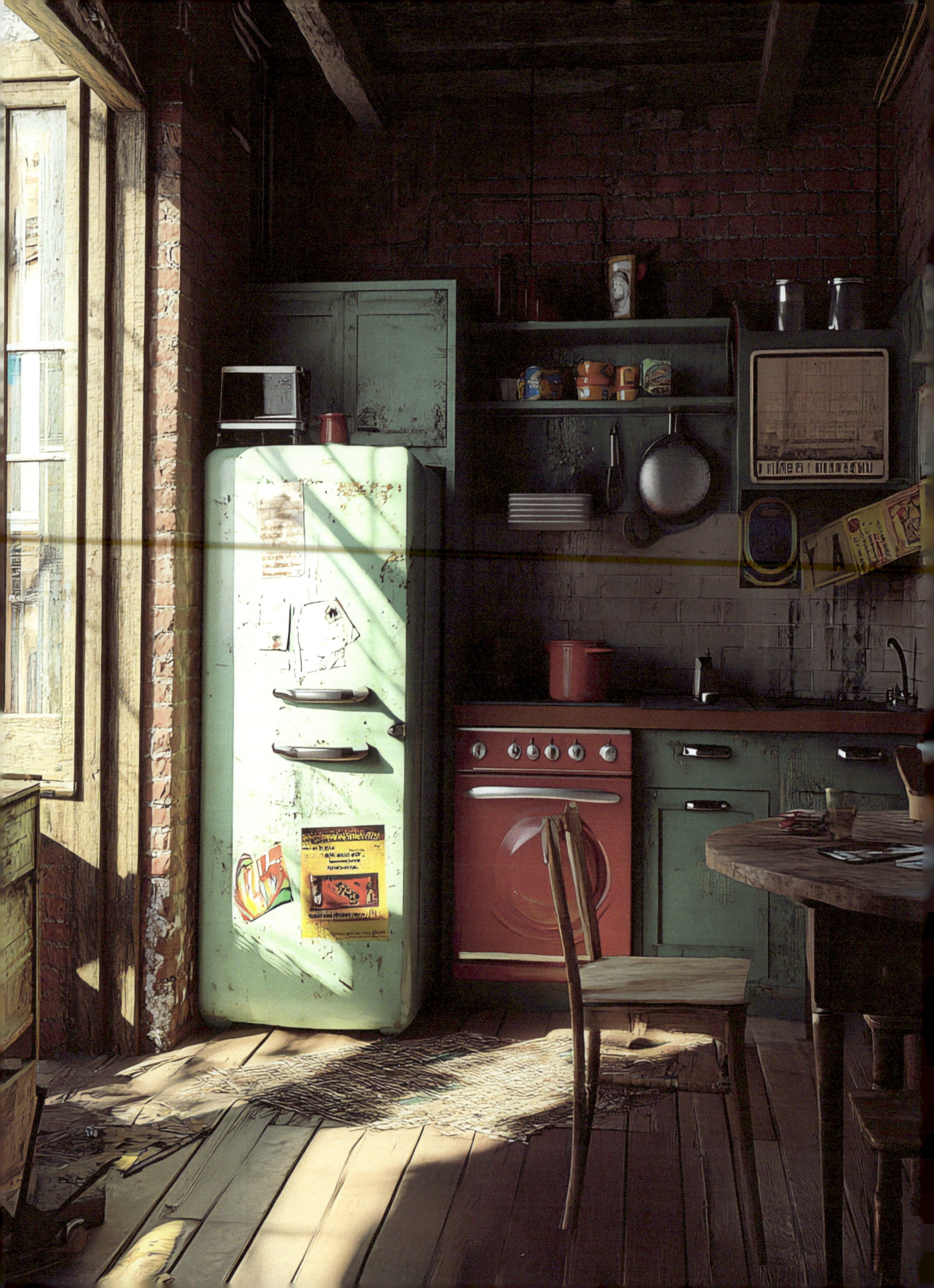

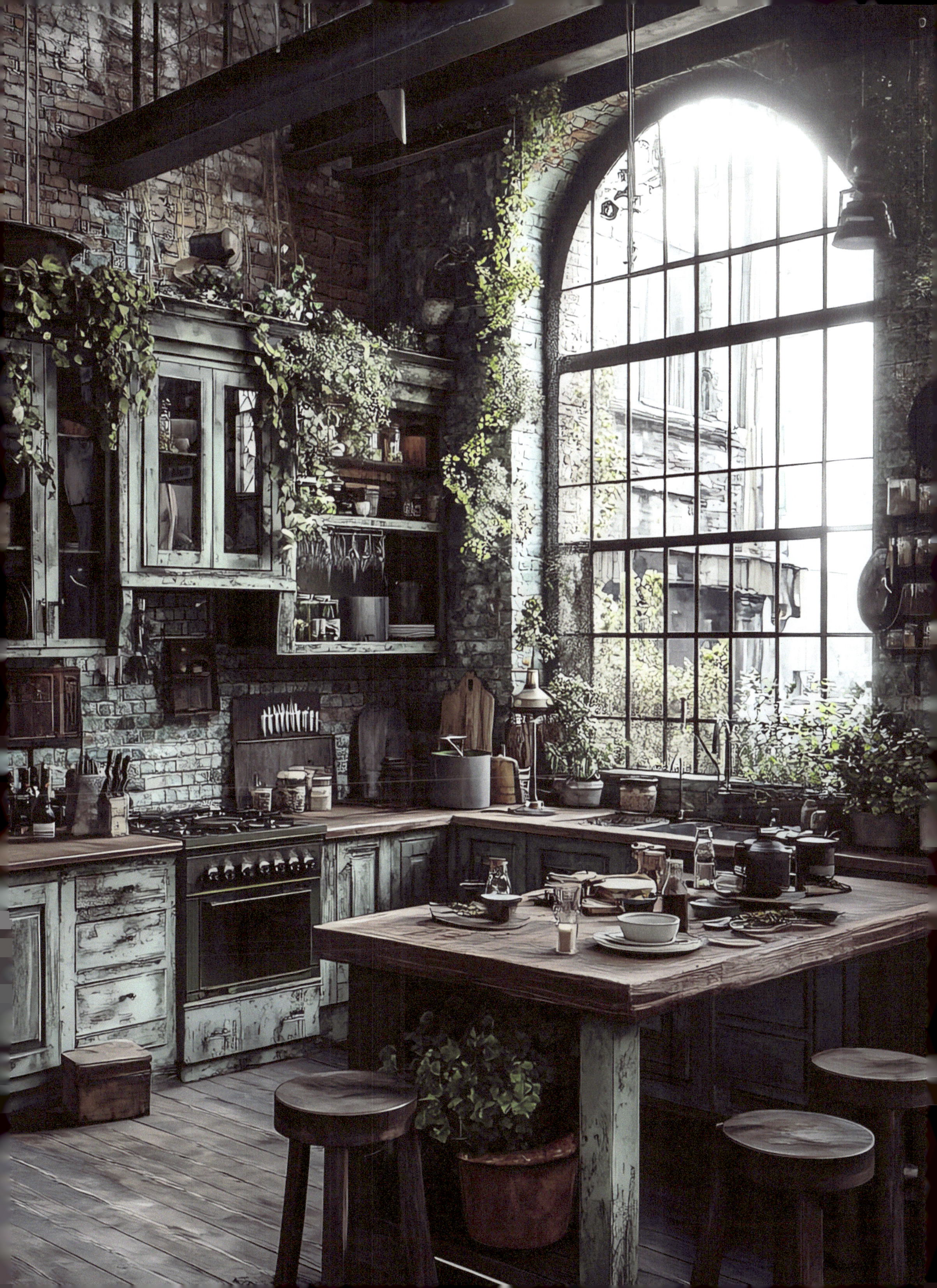

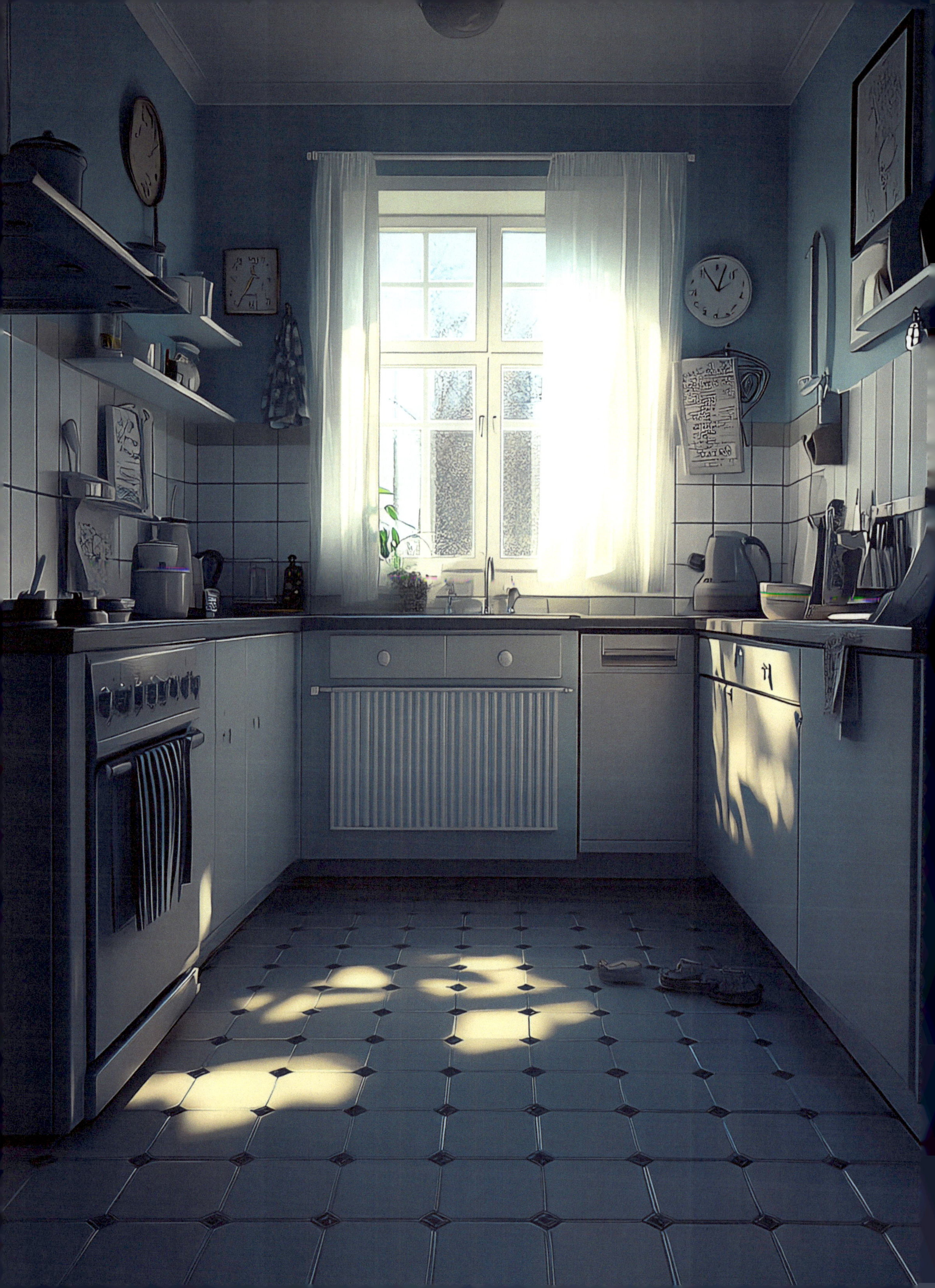

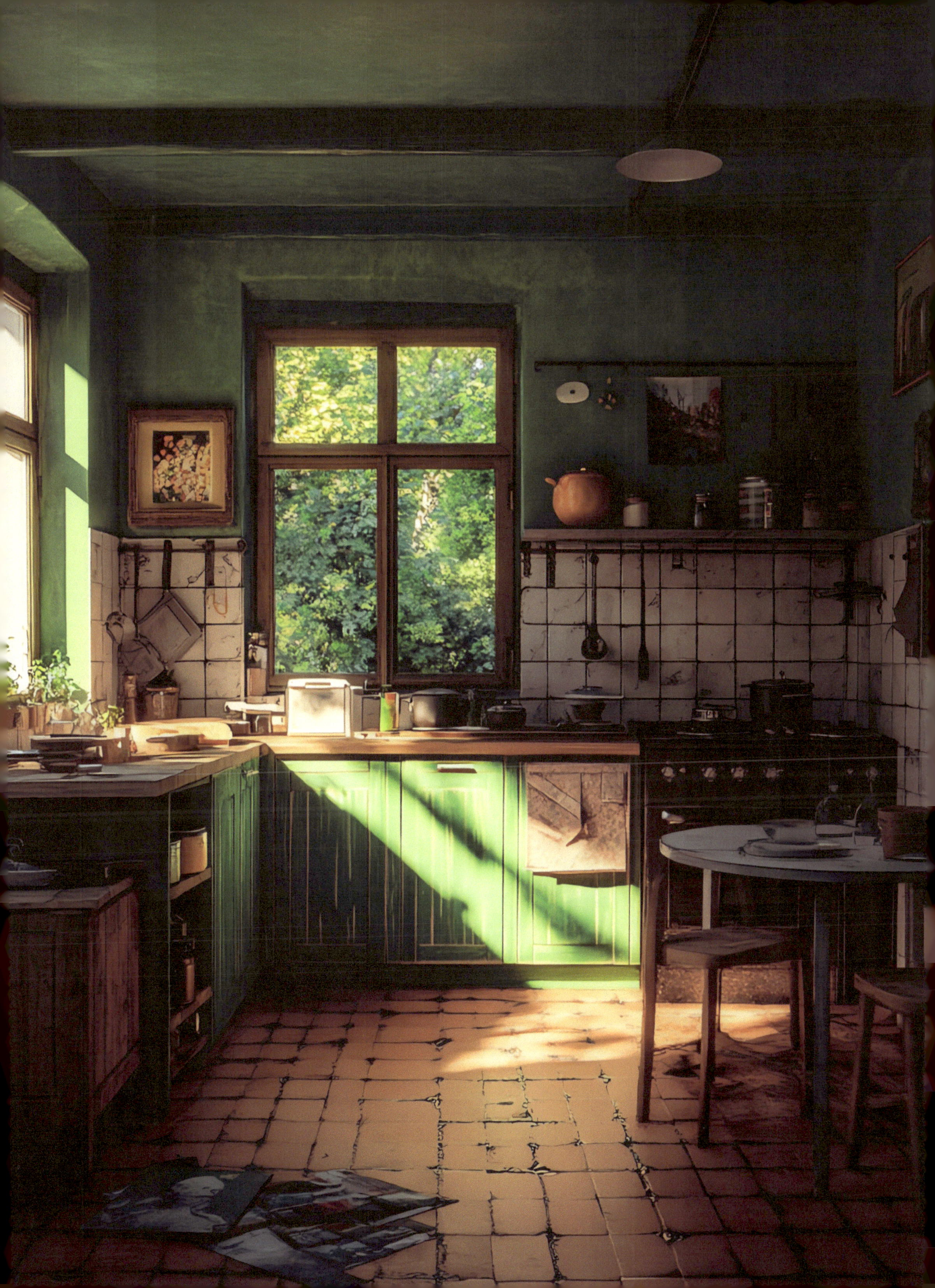

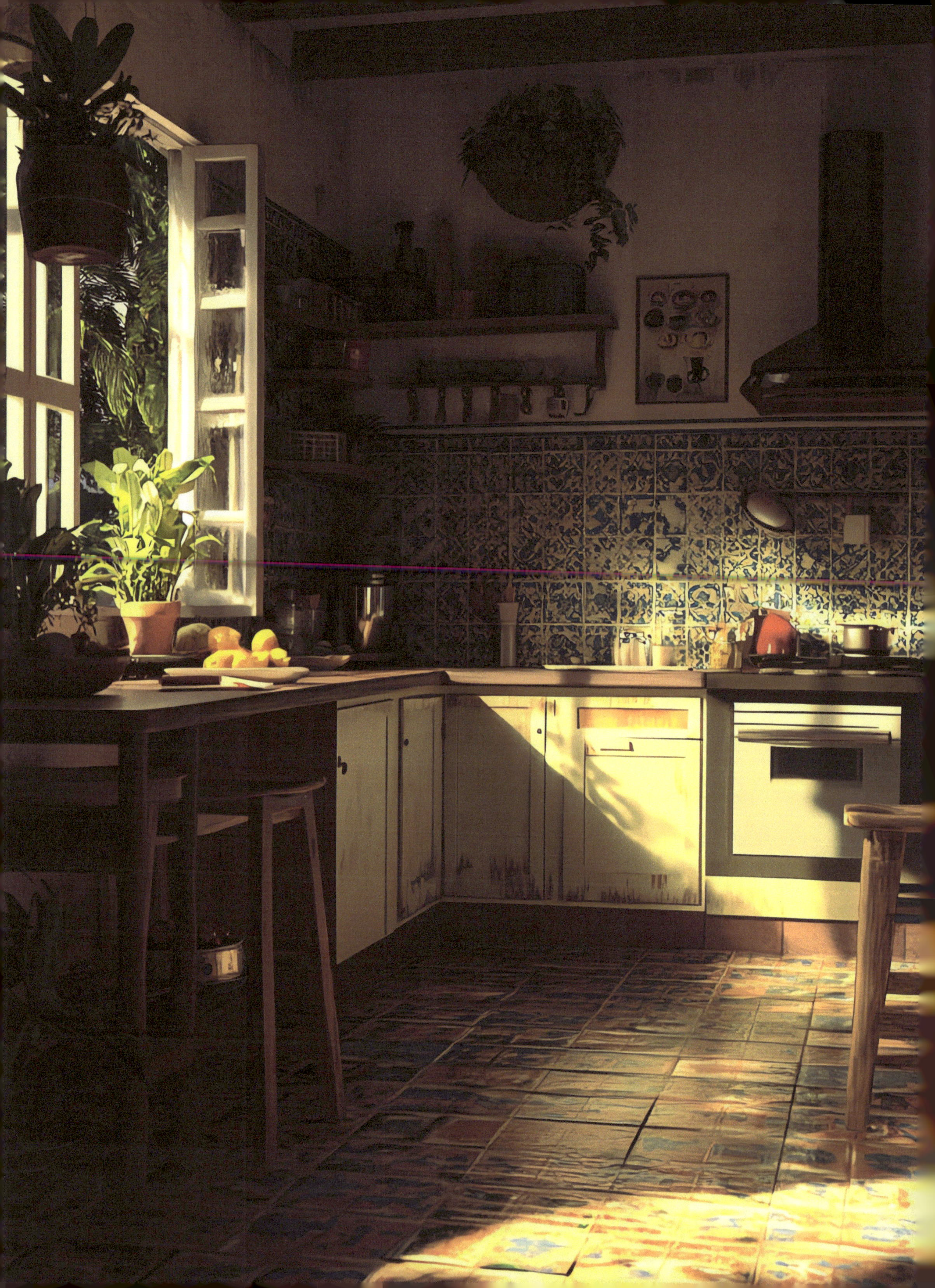

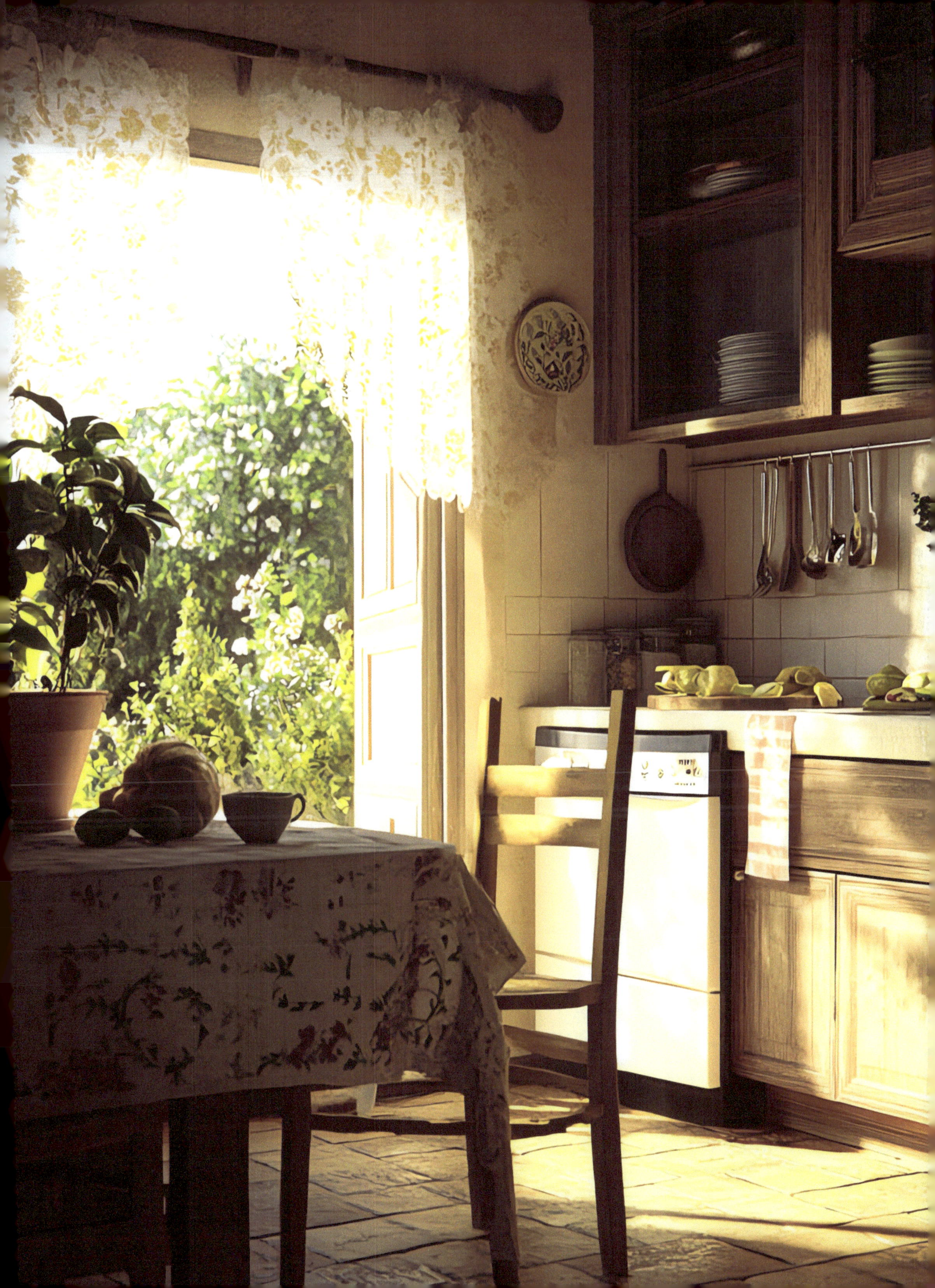

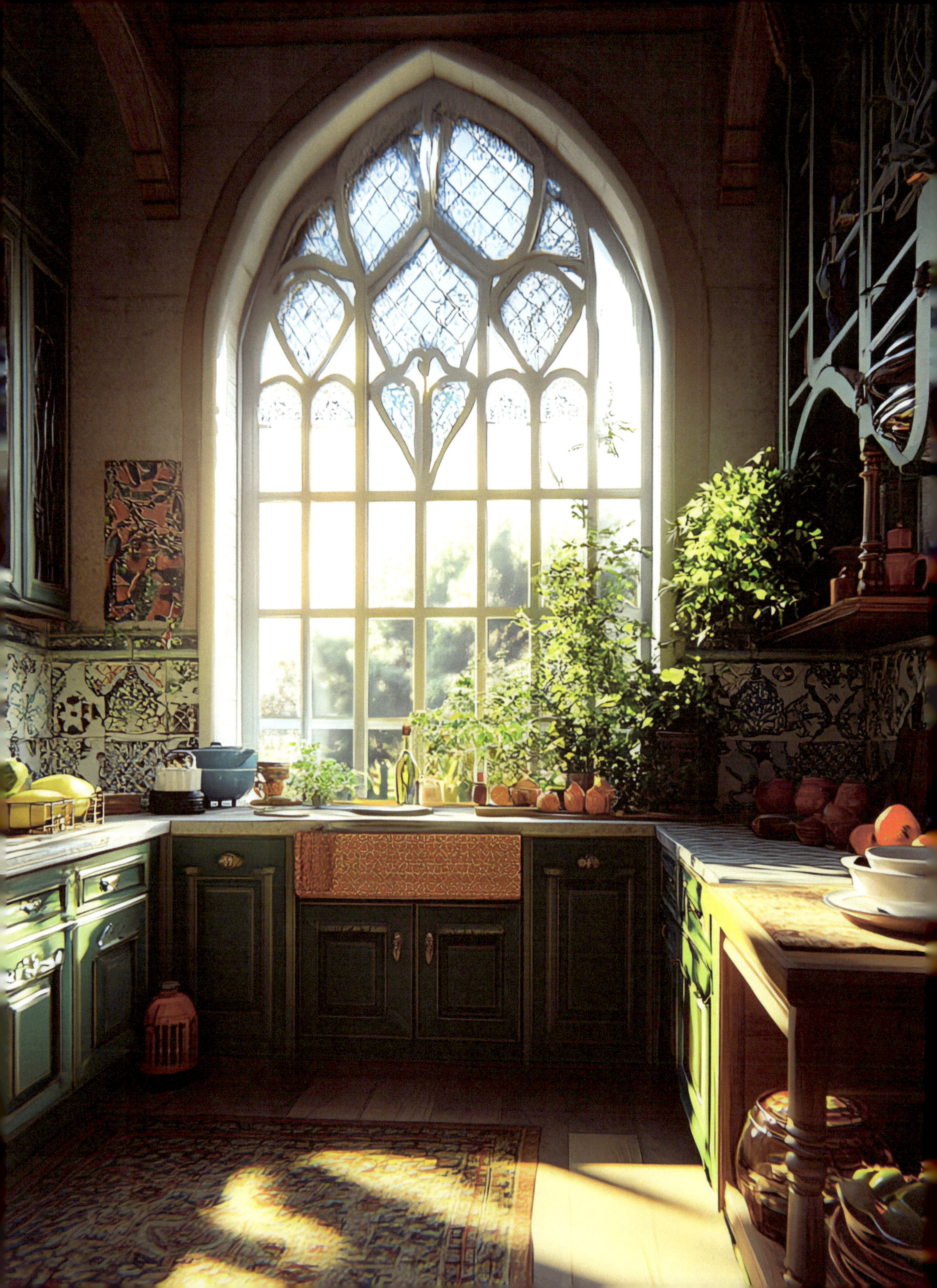

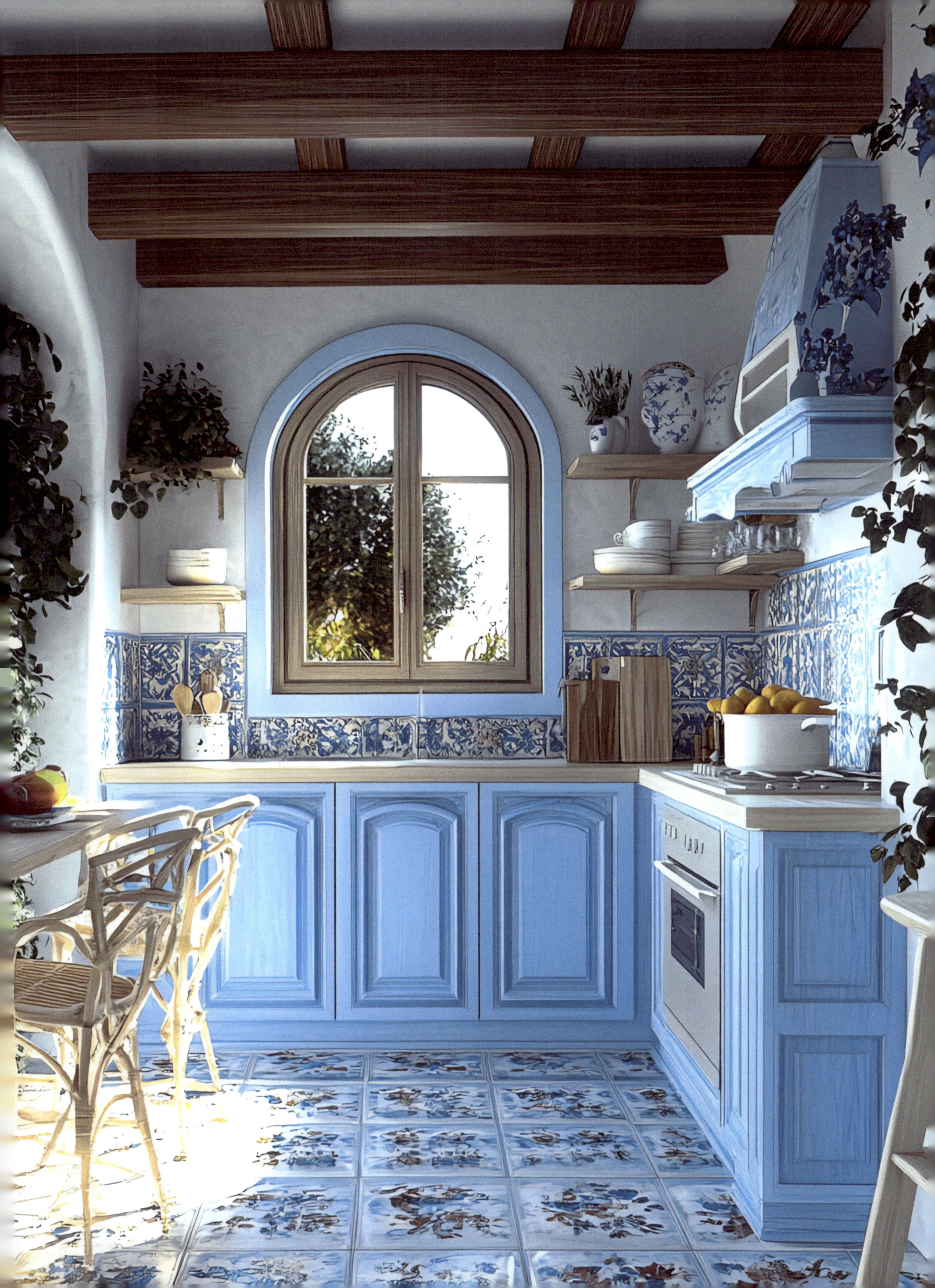

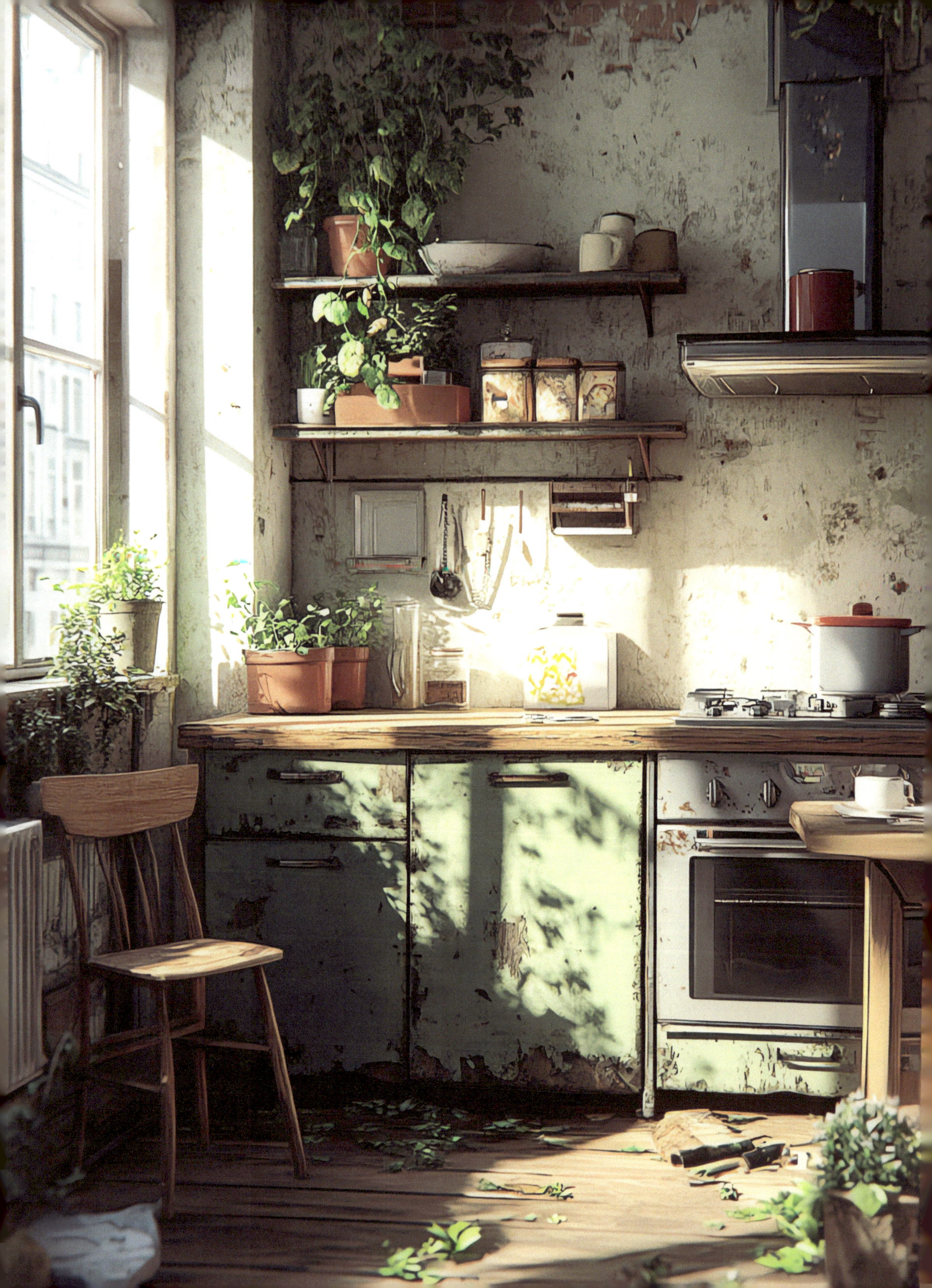

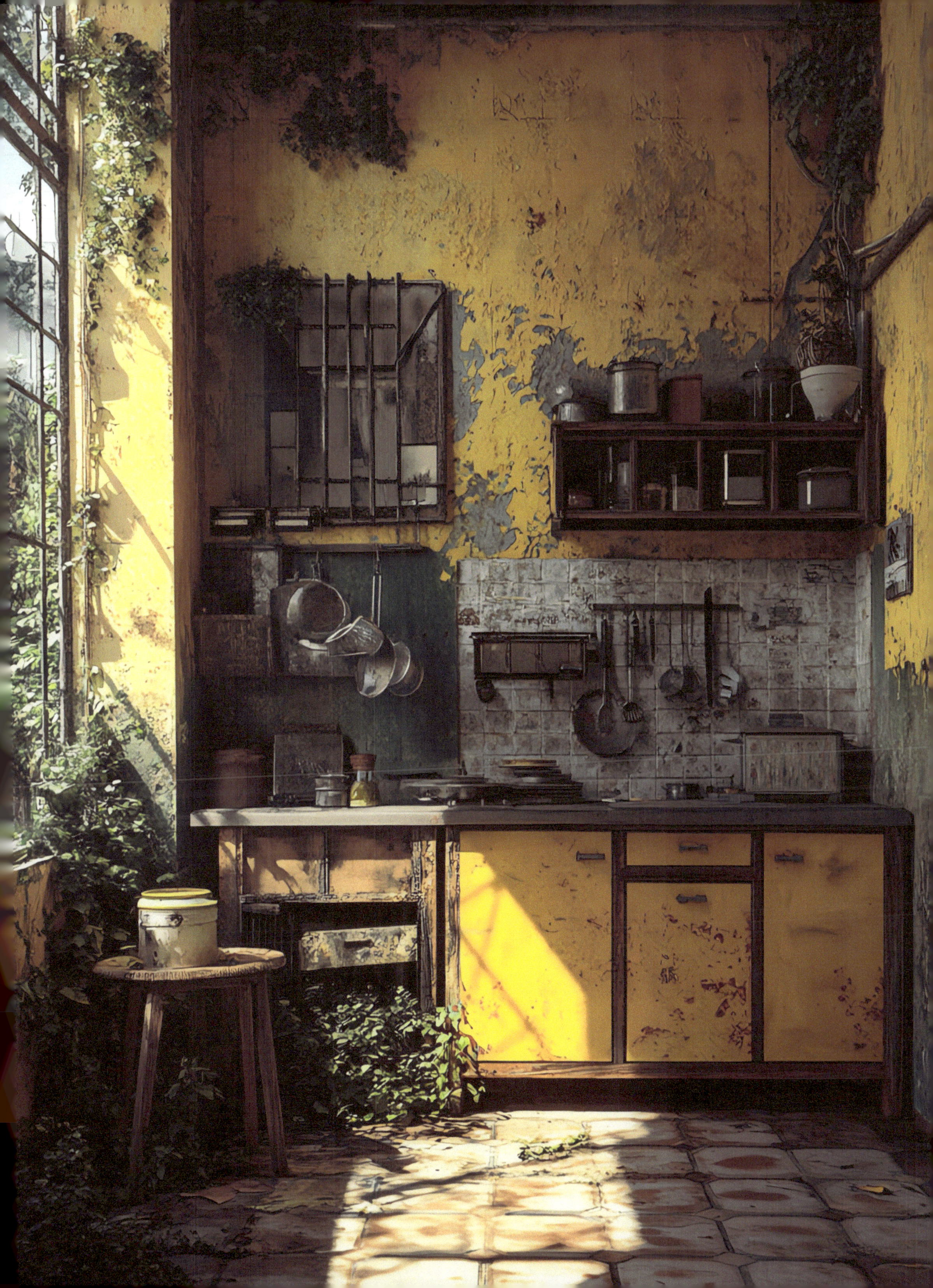

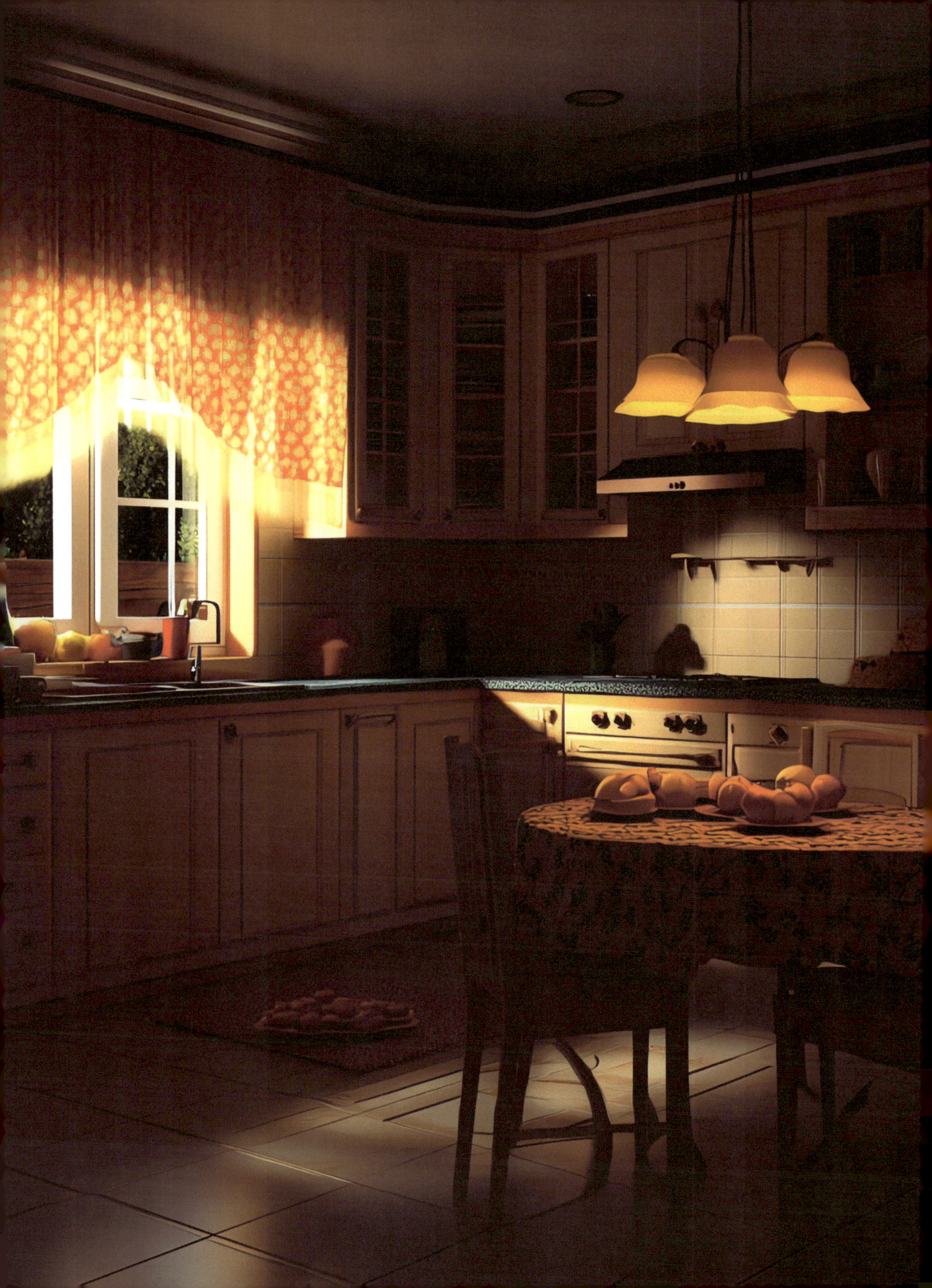

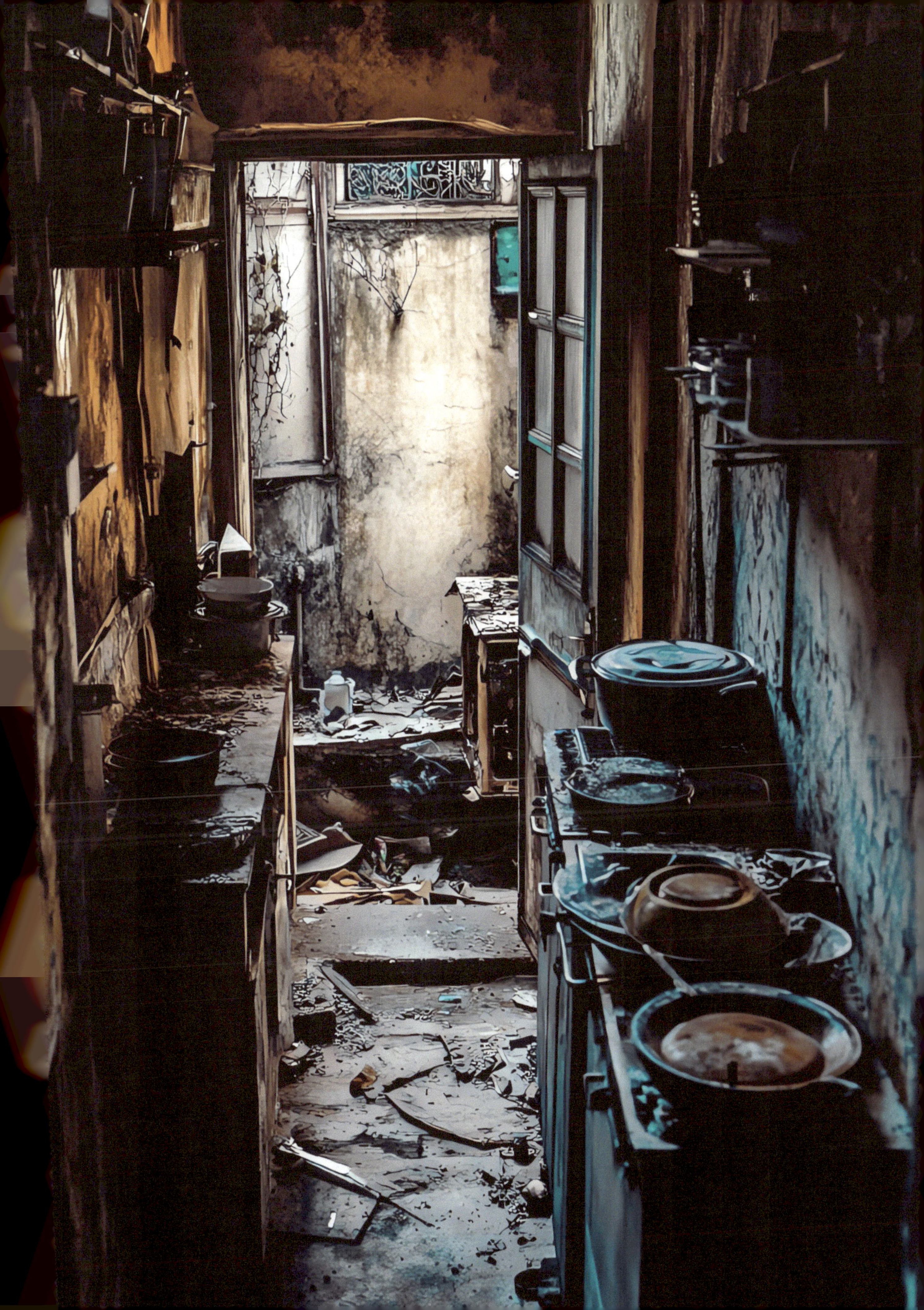

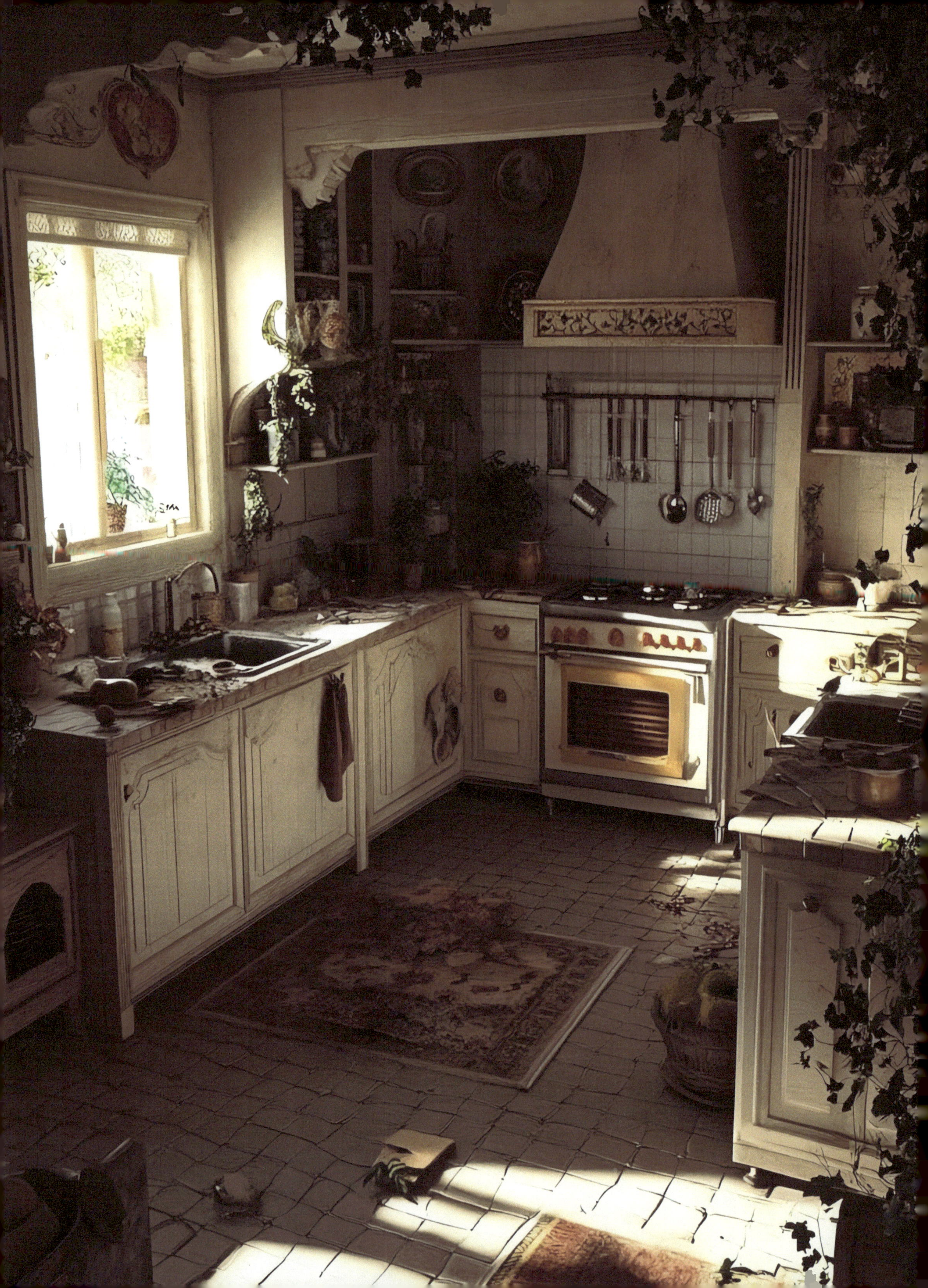

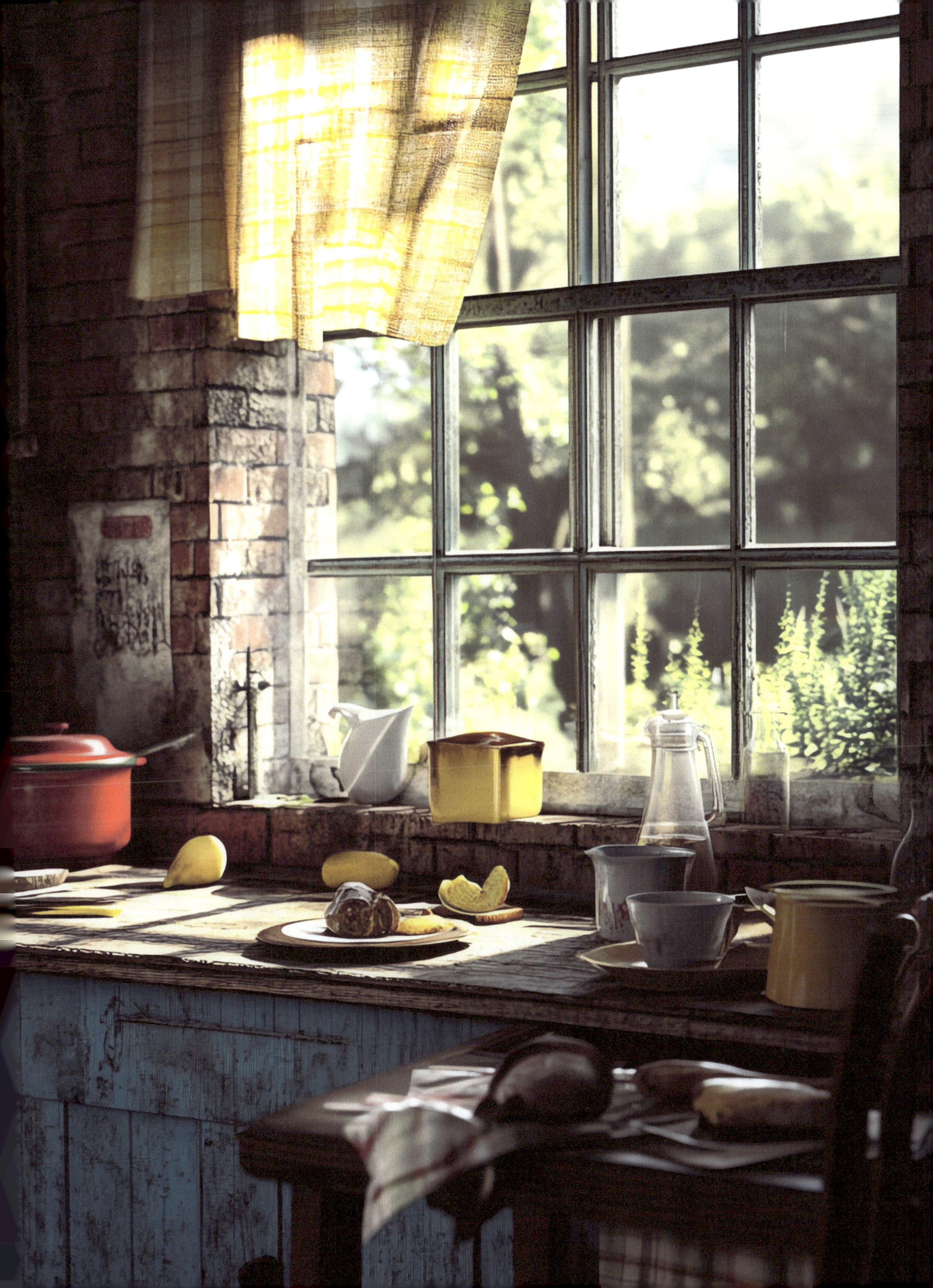

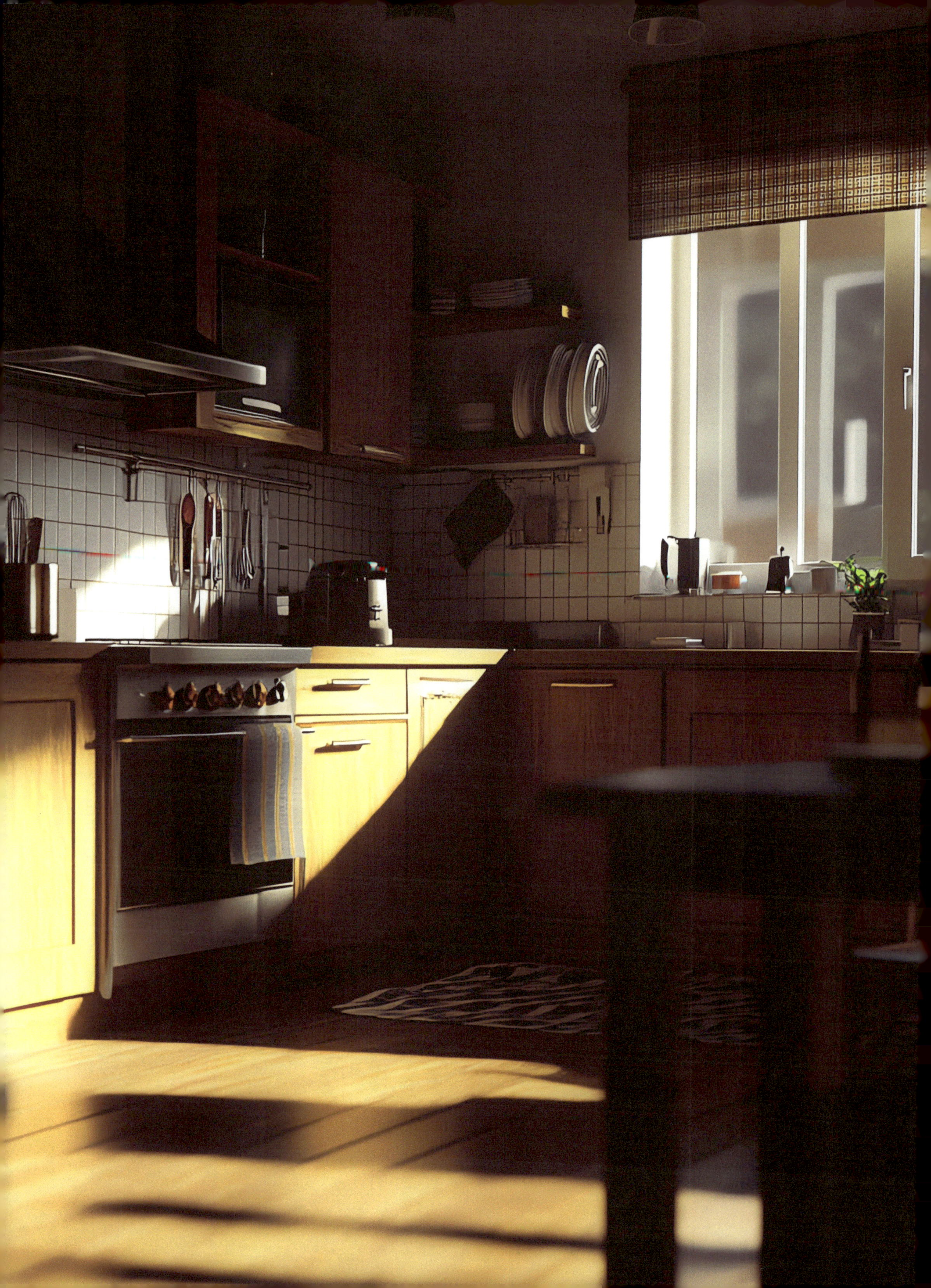

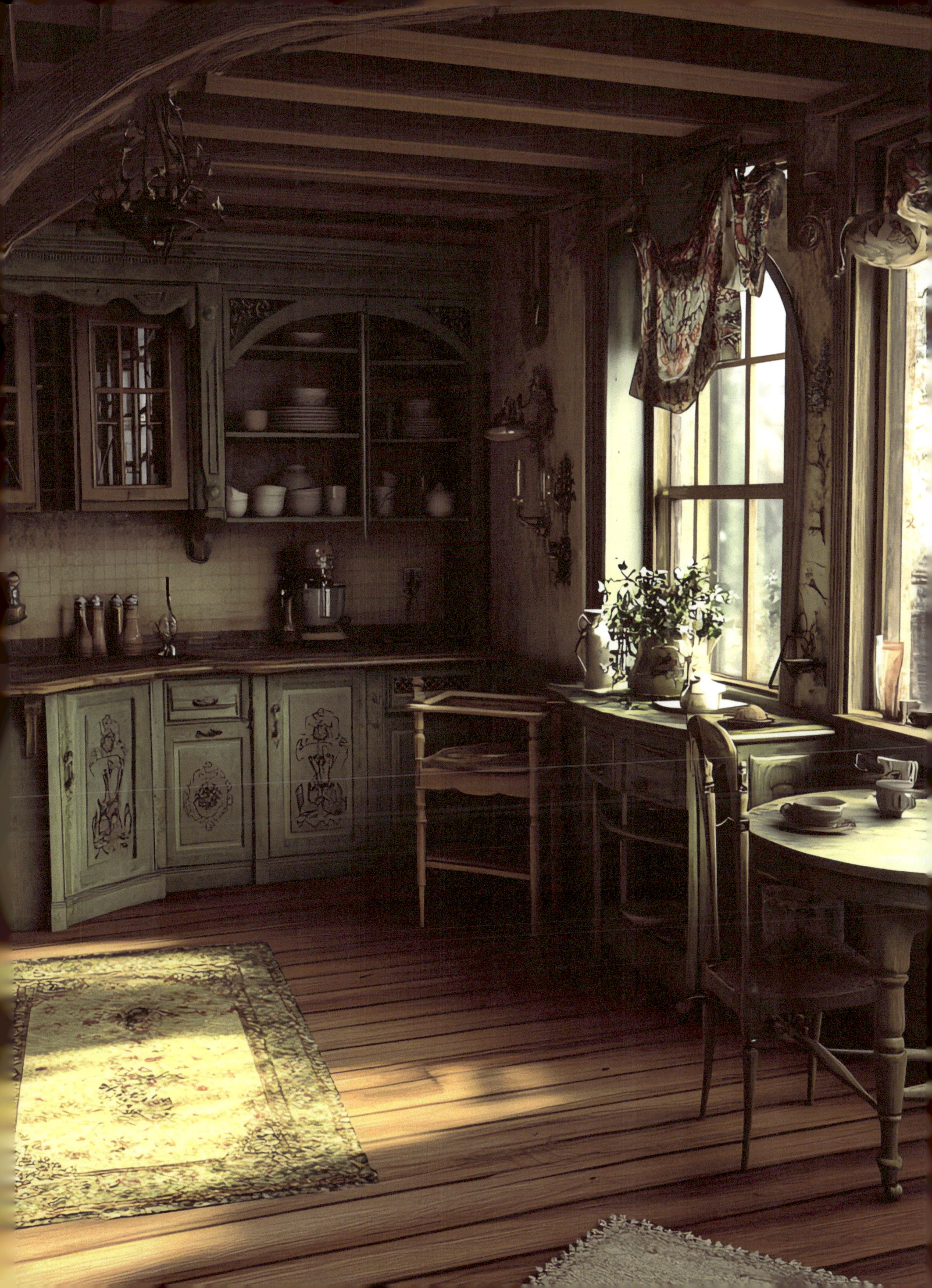

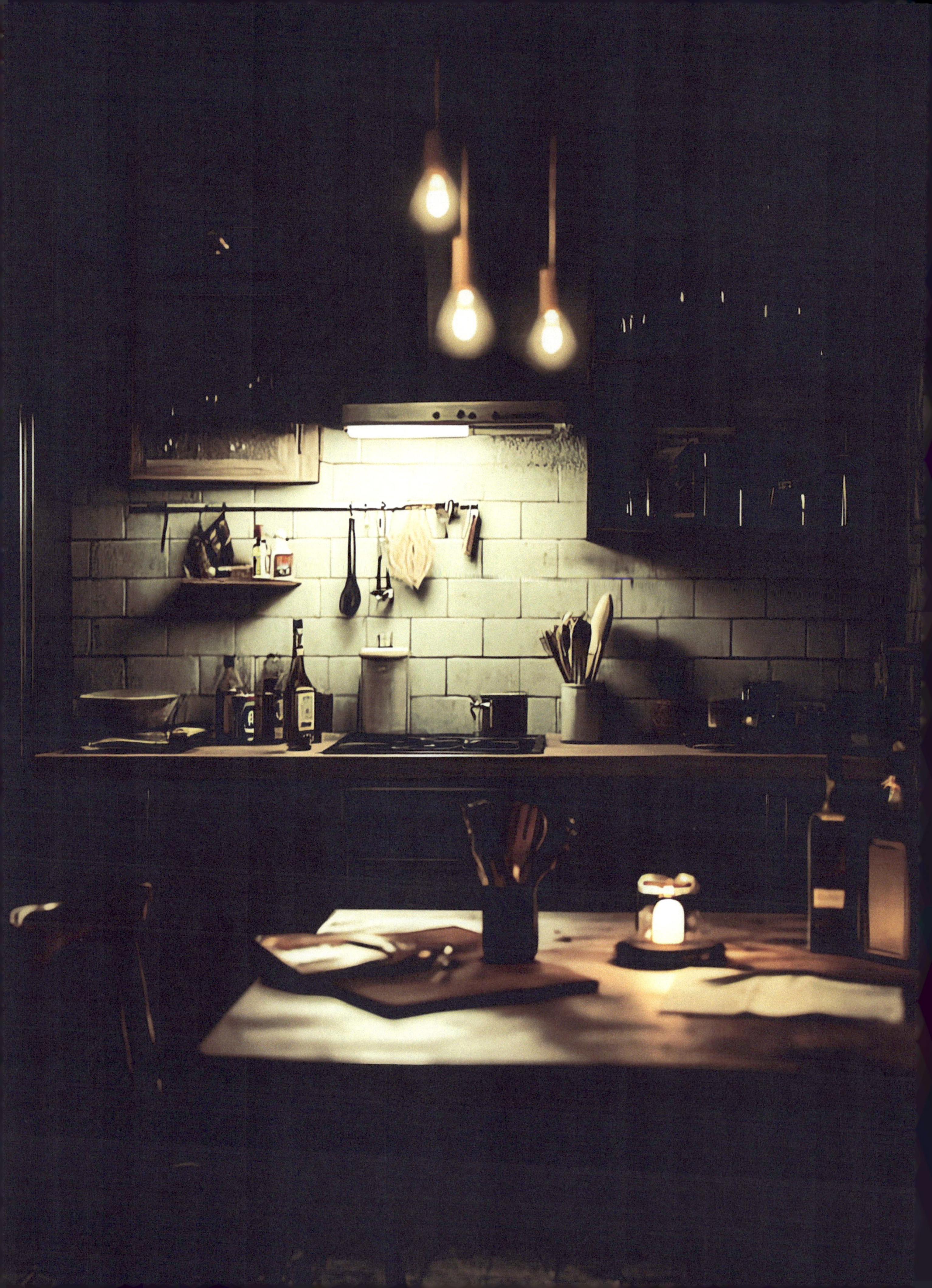

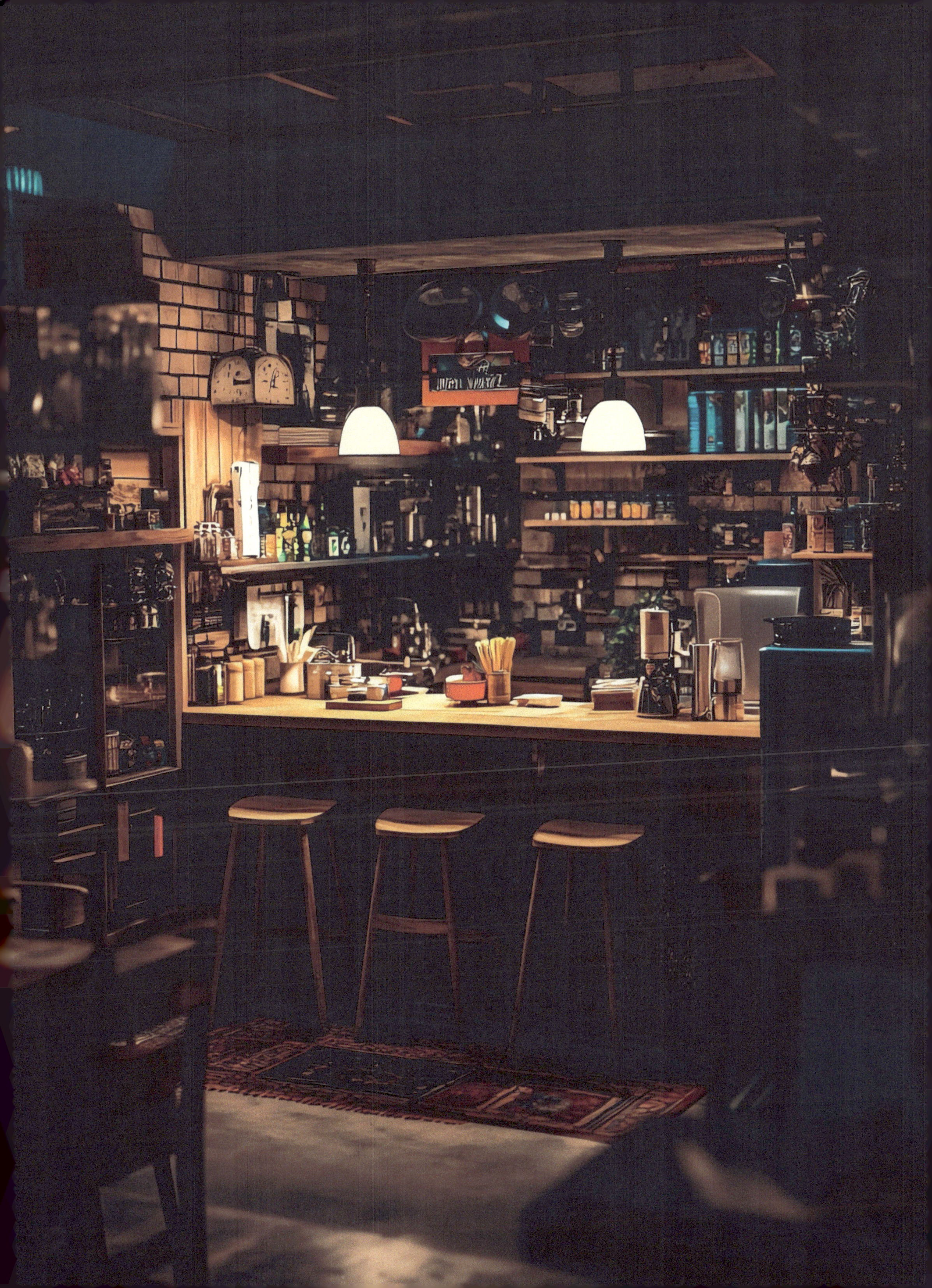

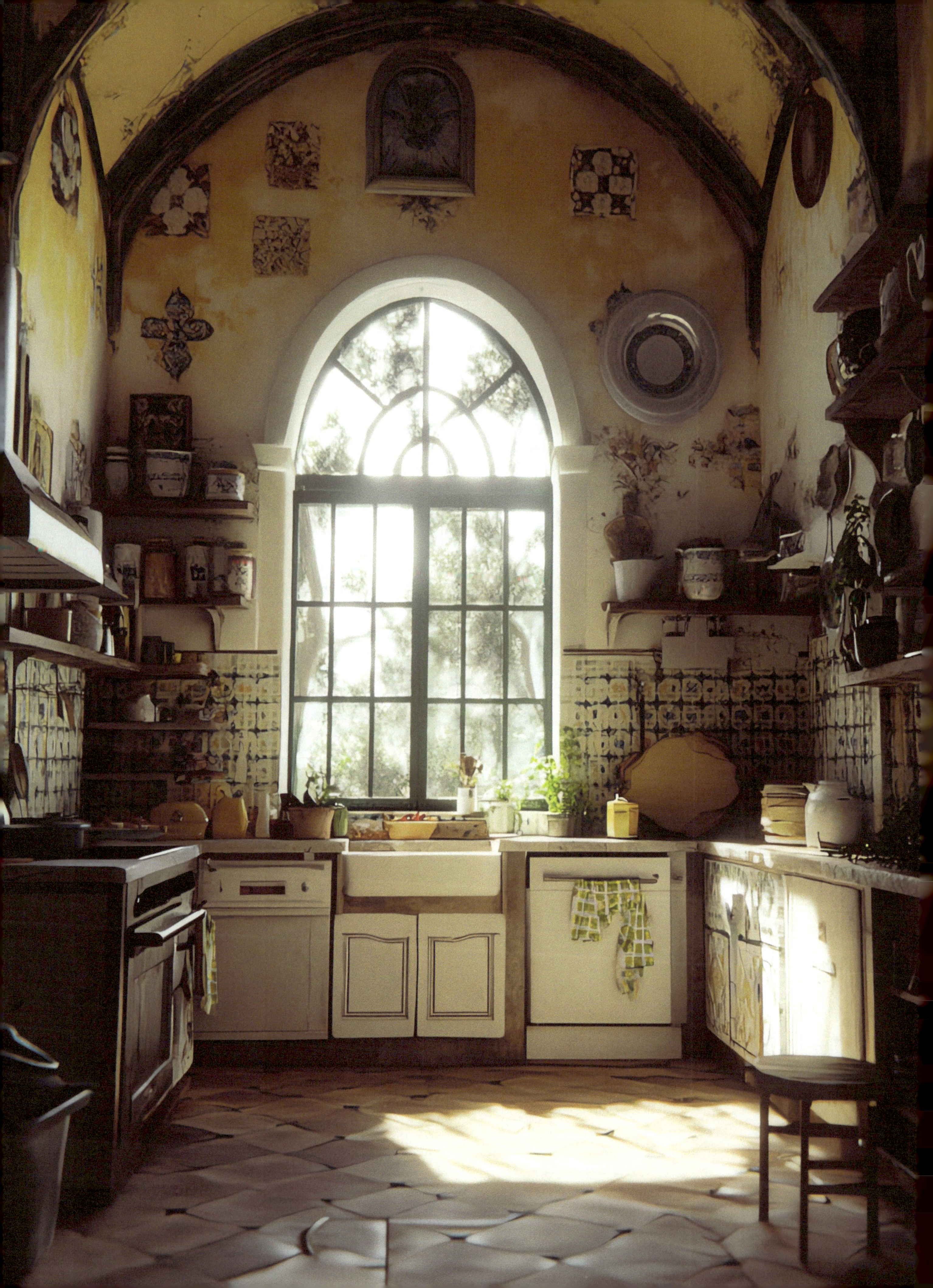